重塑经济优势

贾康 李稻葵 王德培 等 著

中国友谊出版公司

贾康 华夏新供给经济学研究院院长、
原财政部财政科学研究所所长

第十一届、十二届全国政协委员，全国政协参政议政人才库特聘专家，华夏新供给经济学研究院院长，中国财政科学研究院研究员、博士生导师，北京、上海、福建、安徽、甘肃、广西、西藏等地方政府特聘专家、顾问或咨询委员，北京大学、中国人民大学、国家行政学院、南开大学、武汉大学、厦门大学等多所高校特聘教授。1995年享受国务院政府特殊津贴。1997年被评为国家百千万人才工程高层次学术带头人。孙冶方经济学奖、黄达—蒙代尔经济学奖和中国软科学大奖获得者。

曾担任原财政部财政科学研究所所长，国家"十一五""十二五""十三五"规划专家委员会委员，国家发改委PPP专家库专家委员会成员。

发起成立"华夏新供给经济学研究院"和"新供给经济学50人论坛"（任首任院长、首任秘书长，第二届理事会期间任首席经济学家）。合著出版《新供给经济学》《供给侧改革：新供给简明读本》以及《中国的坎：如何跨越"中等收入陷阱"》，2016年出版的《供给侧改革十讲》被中组部、新闻出版广电总局和国家图书馆评为全国精品教材。2017年后又撰写出版《供给侧结构性改革理论模型与实践路径》《供给侧改革主线上的未来财税》《财政学通论》等多部专著。

李稻葵 清华大学中国经济思想与实践研究院院长

清华大学弗里曼经济学讲席教授,清华大学中国经济思想与实践研究院院长,政府与市场经济学国际学会联席会长,清华大学苏世民书院创始院长。第十三届全国政协常委,经济委员会委员,中国世界经济学会副会长,长江学者特聘教授,中德经济顾问委员会顾问委员,享受国务院特殊津贴。

曾担任中国人民银行货币政策委员会委员,第十一、十二届全国政协委员,中国留美学会会长,金砖国家新开发银行首任首席经济学家。李稻葵作为我国著名的经济学家,长期从事政府与市场经济学、比较经济制度、中国宏观经济运行的研究,致力于从中国改革开放的实践中研究相关的现代经济学理论。

清华大学经济管理学院首届本科毕业生,于1992年获得哈佛大学经济学博士学位。曾任教于美国密歇根大学经济系,曾任斯坦福大学胡佛研究所国家研究员、世界银行和国际货币基金组织顾问。

任泽平 东吴证券首席经济学家

  东吴证券首席经济学家。曾先后担任国务院发展研究中心宏观部研究室副主任，国泰君安证券研究所董事总经理、首席宏观分析师，方正证券首席经济学家、方正研究所联席所长、恒大集团首席经济学家、恒大经济研究院院长。兼任中国民营经济研究会副会长，首都金融智库专家，全国工商联智库委员会委员，科技部国家高新区升级评审专家，中国新供给经济学50人论坛成员，中国人民大学、中央财经大学、对外经贸大学、南开大学等兼职导师。中国人民大学经济学博士，清华大学经济管理学院博士后。曾参与重大文件和改革方案起草，在《人民日报》《经济研究》等报刊发表文章数百篇，出版专著和译著《宏观经济结构研究》《从奇迹到成熟：韩国转型经验》《大势研判：经济、政策与资本市场》《房地产周期》《新周期：中国宏观经济理论与实战》《全球贸易摩擦与大国兴衰》《全球房地产》等。

秦朔 中国商业文明研究中心发起人、《第一财经》日报原总编辑

  中国商业文明研究中心发起人，秦朔朋友圈chin@moments新媒体平台创始人，《第一财经日报》原总编辑。曾被《中国青年》杂志评为"可能影响21世纪的100位中国青年"。著有《文明寻思录》系列，《大变局——中国民间企业的崛起与变革》《告别GDP崇拜》等作品。

王德培 福卡智库首席经济学家、中国经济体制改革研究会副会长

福卡智库首席经济学家,国务院特殊津贴专家,中国经济体制改革研究会副会长。复旦大学、上海交通大学、同济大学等高校客座教授,常年为全国各级政府、高校、著名EMBA学院、央企、大型集团企业开设宏观经济形势、国家地方战略布局、顶层设计规划等前瞻性课程,领先完成国家、省市级、央企、园区等重大课题。

著有《中国经济2016》《中国经济2017》《中国经济2018》《中国经济2019》《中国经济2020》《金融原罪与金融文明》《第四次金融大爆炸》《人民币的未来》《再平衡——中国的优势与美国的强势》等备受关注的预测专著。

何帆 上海交通大学安泰经济与管理学院教授

知名经济学者,上海交通大学安泰经济与管理学院教授,曾任北京大学汇丰商学院教授,兼任熵一资本首席经济学家、中国社会科学院世界经济与政治研究所副所长,拥有20多年政策研究和市场咨询经验。曾出版《变量2:推演中国经济基本盘》《变量:看见中国社会小趋势》《大局观:真实世界中的经济学思维》等多部专著。

程实 工银国际首席经济学家

工银国际首席经济学家、董事总经理。曾获"2019~2020年度全国十大金融工匠"荣誉称号、全国金融五一劳动奖章、金羊奖、2019第一财经年度首席经济学家、中国国防经济学优秀成果一等奖等专业奖项。2003年至今，在境内外主流财经报刊发表文章累计2200余篇，出版著作10余本。同时担任中国首席经济学家论坛理事，香港中文大学深圳高等金融研究院客座教授，盘古智库学术委员，香港中文大学、中国人民大学和浙江大学等高校金融硕士导师，并在财新等一流财经媒体开设专栏。他带领的研究团队覆盖全球宏观、市场策略、固定收益和行业研究，是亚洲地区知名度和影响力俱佳的专业投行研究团队；且于2017年、2018年、2019年连续三年上榜II（《机构投资者》杂志的缩写），被评选为"大中华地区最佳分析师团队"。

徐建明 恒星理财顾问创始人

美国注册理财师协会中国区首席专家，恒星理财顾问创始人，华东师范大学特聘教授，北京大学、清华大学、复旦大学等名校MBA/EMBA特聘教授。拥有25年个人财富管理方面资深经验，开展理财培训10余年。曾出版畅销作品《选择做富人》等。

张春宇　东北亚日本海研究会副会长

海洋经济领域知名学者，东北亚日本海研究会副会长，深圳城市规划委员会委员，APEC中国工商理事会数字经济委员会专家委员。从事海洋经济、世界经济领域的研究工作，参与多项海洋经济政策的研究和编制。

张涛　财经媒体专栏作家

经济学博士，现就职于中国建设银行总行。金融四十人（CF40）青年论坛成员，《经济观察报》经济学家调查组成员、《人民日报》点金工作室特约评论员，财新网、澎湃、界面等财经媒体专栏作家，已公开发表评论和研究论文数百篇。著作有《增长的奇迹》《思考中国——美元逻辑下的中国角色》和《中国经济这些年——关乎你财富的八件事》。

玉名　畅销书作者、知名股票博主、投资达人

畅销书作者、知名股票博主、投资达人，曾是《中证内参》特邀专家。1998年进入股市后曾屡遭失败，陷入"七赔"怪圈之中。自2000年起潜心钻研，独创了"主体思维选股法"，凭借此法加入了股市"一赚"的行列，从此开启了持续赢利之路。其代表作有《散户生存攻略》《股民十大赢家实战系统》《解套第一课：拯救你的大脑和钱袋》《解套第二课：日历买股法》《解套第三课：改变命运的七大心态》《股市钱规则》《赚在起跑线》等。

熊柴　恒大研究院副院长

恒大研究院副院长。清华大学经济学博士，中国社科院博士后，副研究员职称，主要关注城市发展、人口、土地等领域。

曾任方正证券宏观研究员，团队获新财富最佳宏观分析师。在《人民日报》《管理世界》《经济学动态》等主流报刊发表文章超30篇，合著《房地产周期》（人民出版社）。多次参与撰写高层内参并获中央领导批示，曾参与起草中央重要文件。主持过1项国家社科基金、5项省部级课题。曾获国家"十三五"规划问计求策活动一等奖等省部级奖励。

马家进　方正证券宏观研究员

方正证券宏观研究员，曾担任恒大研究院首席宏观研究员。浙江大学经济学博士，研究方向为宏观经济学、货币理论与政策。在《南方经济》《金融发展研究》等期刊发表多篇论文。曾荣获"中国平安励志计划论文奖"2016年经济组一等奖、《金融发展研究》2017年优秀论文奖。曾参与撰写高层内参并获中央领导批示，参与完成多个国家发展改革委课题。

路思远 财经媒体特约评论员

就职于中国建设银行金融市场部,负责宏观研究,多次进入"远见杯"全球市场预测前三甲。《21世纪经济报道》《证券周刊》等特约评论员。

汪通 知乎"大V"

笔名司马懿,现为爱丁堡大学商学院教授。研究方向为数字平台经济、反垄断以及高科技在公司金融上的应用等方面。

第一章 如何理解经济内循环、外循环的双循环模式

注重内循环，绝不排斥对外开放　//003

双循环背景下的内循环　//009

双循环背景下的外循环　//018

中国经济内循环与外循环的辩证关系　//026

　　何为后疫情时代全球格局　//026

　　中国经济面临何种挑战　//029

　　何为内循环　//030

　　过往的外循环　//032

　　内外循环的辩证关系　//032

　　外循环的作用　//033

　　内循环的关键　//035

打通内循环，离不开政府和市场的共同努力　//038

新时期下的新变化与我们要做的新探索 //045

  外部环境面临的挑战 //048

  内部条件出现的瓶颈 //055

  新时期要做的新探索 //065

中国被迫启动内循环会带来什么 //070

  世界工厂能够内循环吗 //070

  一个故事 //071

  产业结构的启示 //073

  结语 //077

第二章 中国经济双循环的辩证关系

中国经济双循环的核心脉络 //081

  内循环的核心脉络 //083

  外循环的核心脉络 //085

  中国双循环格局的内涵、定位与机遇 //088

外题内解：双循环筑基高水平开放 //090

  双循环奠定高水平开放的新基础 //091

  双循环缔结中国与全球体系的新纽带 //093

  双循环构建中国融入全球化的新支点 //097

双循环的演进之路：2020与1913 //102

  历史的先声：美国经济双循环的演进 //103

历史的押韵：2020 与 1913　//105

历史的启示：双循环演进的深层逻辑　//107

历史的接力：2020 年中国的"潜力清单"　//111

内外双循环打造升维竞争力　//116

双循环的真义　//125

第三章　双循环三大抓手：新基建、城市群和放开生育

大力推进新基建，以应对经济下行和中美贸易摩擦，打造中国经济新引擎　//145

新基建是应对疫情和经济下行最简单有效的办法　//146

新基建是应对中美贸易摩擦和大国竞争的关键胜负手　//148

政策建议：大力推进新基建，打造中国经济新引擎　//152

加快推进以城市群都市圈为主导的新型城市化　//155

产业、人口迁移的规律和中国新趋势　//156

城市化发展战略从小城镇化转向城市群都市圈化　//161

政策建议：尊重产业和人口流动的客观规律，在集聚中促进平衡　//167

尽快全面放开并鼓励生育　//170

少子化老龄化问题日益严峻，人口危机渐行渐近　//171

人口转型将引发中国经济社会深度调整　//176

政策建议：尽快全面放开并鼓励生育　//180

第四章 双循环带来的机遇与挑战

中概股回归助力双循环互动　//185

DCEP——经济内循环的未来加速器　//192

  DCEP 求解内循环难题　//193

  DCEP 打开货币政策新空间　//196

  DCEP 维护货币政策独立性　//198

  DCEP 驱动长期价值逻辑　//200

数字货币的公私安排　//202

发展新格局，财富新思路　//209

双循环下的生态圈经济成新热点　//220

  国内国际双循环的两层含义　//221

  国产替代题材大行其道　//222

  生态圈经济成新热点模式　//223

  国内国际双循环的思考　//225

第一章
如何理解经济内循环、外循环的双循环模式

新冠疫情在全球暴发，中美"脱钩"，全球产业链面临"断链"困局……危机全面爆发，在此背景下，我国提出"以国内大循环为主体、国内国际双循环相互促进的新发展格局"。本章选取著名经济学家贾康、李稻葵、何帆、王德培、张涛、知乎"大V"司马懿、张春宇和路思远等多位作者的宏观分析，阐释内循环是什么和提出的背景，以及为什么经济内循环迫在眉睫，对市场和对个人又意味着什么。

注重内循环,绝不排斥对外开放

贾康:华夏新供给经济学研究院院长、原财政部财政科学研究所所长

> 以国内大循环为主体,绝不是关起门来封闭运行,而是使国内市场和国际市场更好地联通,更好地利用国际国内两个市场、两种资源。经济内外双循环是一个全面的战略框架,我们需客观、全面地认识内循环和外循环之间相得益彰的关系。

关于充分发挥中国超大规模市场优势,更多注重经济内循环而实现国内国际双循环相互促进的方针要领,切合经济形势的最新变化,引发了一些争议。有论者由望文生义落入断章取义,只看到了内循环,却没有看到内外双循环的政

策大框架。他们认为内循环和超大规模市场不是一个经济概念,而是一个政治概念,没有出口和生产谈不上消费,内循环可能造成"内卷化";甚至有声音认为内循环是新的"闭关锁国"。兹事体大,不可不察:我们应该如何正确认识经济内循环,如何在实践中把握好政策方针、实现经济的高质量发展呢?

第一,我国注重经济内循环,是在全球保护主义上升,特别是新冠疫情冲击造成世界经济低迷、外部需求萎缩、不确定性剧增的情况下提出来的,是与我们当下更为强调"扩大内需"的方针紧密相连、逻辑上完全契合的。因此,经济内循环首先是一个宏观调控的经济概念,而且与中国推进外贸发展、对外循环相辅相成、相得益彰、互相促进,彼此之间不是二者择一、相互排斥的关系。

经济内循环客观方面的重要支撑,是中国超大规模市场的优势。如果用经济学模型定义,大国模型已不足以概括中国市场的特点,对应的应该是十分独特的巨国模型。中国是拥有全球最大人口规模的市场,是建设社会主义市场经济过程中形成的统一市场,是具有无可比拟的潜力和成长空间的新兴市场，日益吸引全球有真知灼见的投资者前来投资。基于超大规模市场的内在逻辑，这是中国经济当下更为注重内循环的基本国情条件。

由于目前国际大环境特殊而复杂，在经济内循环被强调之后，一些极端化认识将其解释为以后就是要自力更生，依靠中国内部市场完成自我发展。这是一种带有明显偏差的理解。更为注重内循环，绝不意味着重回"闭关锁国"；更为注重核心技术突破（如芯片）要依靠"举国体制2.0版"的自力更生，绝不意味着不积极争取引进、消化、吸收一切科技成果。

同时，以经济内循环为主体，符合经济学理论研究成果的内在逻辑，以及经济政策实践所形成的宏观调控"相机抉择"概念，其本身并不带有任何政治色彩。但从中国社会发展全局着眼，从中国整体发展战略、大政方针制定的高度看，经济内循环背后关联着的政治意义毋庸讳言，因为其具有以整体运行系统支持中国实现现代化及为人民利益最大化服务的政治意义。从指导与优化中国经济运行和宏观调控的意义上讲，经济政策当然与政治意义相关联，但这绝不意味着可以把政治概念孤立起来并将其与经济层面对立,也绝不能理解为任何一个具体经济政策都有一个政治标签,这样只会落入乱贴政治标签的极端化思维,必然造成逻辑上及实际工作中的紊乱。

第二,有一种观点认为经济内循环意味着不再依靠出口,而国内消费乏力很可能造成经济"内卷化"。这方面先要消除一个前文已提及的误解:以国内大循环为主体,绝不是关起门来封闭运行,而是通过发挥内需潜力,使国内市场和国际市场更好地联通,内外需相互促进,综合发力——这一点中央在阐发经济内循环时已经明确。讲内循环绝不是没有出口,只不过在不确定的国际环境下,外贸的波动性与不确定性加大,但中国"世界工厂"制造业基地的作用不会发生根本改变。即使美国强行"脱钩",也无法想象中美之间的贸易额会归零。所以,经济上大的战略框架还是双循环相辅相成。

所谓"内卷化"这一概念,起源于农业经济分析,认为单位劳动边际收益在过密的投入下,会出现递减,导致经济停滞不前及无法升级,以此来概括内循环基本属于张冠李戴。内循环是内生于双循环大框架之下的，中国积极把自己的事情做好、扩大内需诉求，紧密结合实现经济高质量发展、升级发展的诉求，而且明确地把高质量发展的实现对接到数字经济、新基建、新型城镇化，以及通盘协调与传统老基建发展的关系。这是一个全面的部署，多点发力，共同支撑中国经济升级发展。在这个过程中的供需互动，包括在双循环框架下，消费和投资要形成合理关系等，其带来的结果，当然是要避免"内卷化"的。

第三，有个别激烈的言辞认为经济内循环的提出意味着改革开放以来政策的转向，甚至是"闭关锁国"。这是一种"只见树木，不见森林"的思维，是对中国经济发展战略方针明显的理解偏差。

以国内大循环为主体，绝不是关起门来封闭运行，而是使国内市场和国际市场更好地联通，更好地利用国际国内两个市场、两种资源。经济内外双循环是一个全面的战略框架，我们需客观、全面地认识内循环和外循环之间相得益彰的关系，继续在改革开放的大政方针下，努力推进双循环发展模式。在现阶段的国际环境下，内循环的现实意义非常突出。但中国政策组合中的新措施，其本质还是继续坚持扩大开放，继续在改革开放的道路上贯彻中国经济社会发展的大政方针。内循环与扩大内需必须采取的政策要领有内在的联系，首先是宏观调控与经济运行相关联而势在必行的相机抉择，我们应该理解为内循环和外循环尽可能相得益彰的政策综合体，在宏观调控层面政策需富有弹性。这是更适应眼下实际情况而有所侧重的概念。整个中国供需的互动已附着在全球广泛联系的大产业链、供应链上，绝对不能按照封闭意识来理解目前的局面。虽然中美之间目前有剑拔弩张的趋势，但是中美共享一个产业链的基本事实谁都否认不了。特斯拉在中美贸易战之后仍加大对中国的投资，而中国的福耀玻璃仍持续跟进在美国的投资。这些表现在生产力层面的客观发展趋势，其决定力量绝对不是少数美国政客的极端说法所能改变的。

中国制定的内外循环并举的双循环框架，是一条走向现代化的正路，也是一条真正办实事、谋发展的道路。内循环绝不排斥外循环和对外全面开放，这才是理性的认识。

双循环背景下的内循环

王德培：福卡智库首席经济学家、中国经济体制改革研究会副会长

> 中国需要以内循环为主、内外双循环互促来应对外部环境恶化，更要以稳定国内基本盘、畅通国民经济循环，真正主动调结构促转型，实现高质量发展，迎来以内为主、安内促外、内外复式的国家战略新时代。

"如果讨论是一片土壤，那么一个新词就像是一粒新的种子。"自2020年5月14日中央政治局常委会会议基于供给、需求视角首次提出中国经济"双循环"："要深化供给侧结构性改革，充分发挥中国超大规模市场优势和内需潜力，构建国内国际双循环相互促进的新发展格局"，连续3个月内官方多次提及"双循环"。5月23日政协联组会上强调"打通生产、分配、流通、消费各个环节，逐步形成以国内大循环为主体、国内国际双循环相互促进的新发展格局"；7月21日企业家座谈会上指出，"以国内大循环为主体，绝不是关起门来封闭运行，而是通过发挥内需潜力，使国内市场和国际市场更好联通"；7月30日中央政治局会议定调"以国内大循环为主体、国内国际双循环相互促进的新发展格局"不是一项短期考虑，而是"从持久战角度的认识"，作为指导"十四五"规划乃至中长期经济政策的总体指导思路；8月24日习主席主持召开经济社会领域专家座谈会，再次坚定"双循环的新发展格局是重塑我国国际合作和竞争新优势的战略抉择"。尤其是"内循环为主"，绝非多数人理解的应对美国打压的权宜之计，而是在疫情冲击和全球秩序变化下整个中国经济实现高质量发展的国策调整。这已非重视与否的问题，而是板上钉钉的战略，那么为何在此时如此高调官宣？

众所周知，当年"沿海发展战略"的成功，源于中国宏观经济学会副会长兼秘书长王建提出的"国际大循环"构想得到中央认可,我国才在 1992 年南方谈话后进行了发展沿海的国策调整,并通过改革开放加速融入世界。尤其是 2000 年加入世界贸易组织(WTO)后,中国一跃从全球生产网络的边缘地带成为世界制造业的中心,实现了国内生产总值(GDP)世界第二的经济崛起。这得益于国际大循环为主导的外向型发展模式,却也因"两头在外,过度依赖投资与出口"而面临严重的国际收支失衡和外部压力。到 2006 年,我国外贸依存度已高达 64%,"大进大出"模式加重了国内产业基础薄弱、核心技术缺失等缺陷,就连国内也陷入生态恶化、地区差距扩大、产业升级遭遇瓶颈等恶性循环。因此,2008 年金融危机以来,从外销转内销到扩大内需、供给侧改革等,我国就已有所侧重地调整:一是将外贸依存度从最高 64% 降到 2019 年的 31.8%,回到了 1998 年水平;二是将经常项目顺差占比 GDP 由 2007 年的 9.9% 降至 2019 年的不到 1%,已降到国际公认的 3% 以内的均衡水平;三是国内需求对经济增长的贡献率有 7 个年份超过 100%,外需不行靠内需,早已成为现实。

毕竟,2019 年前,中国的外向型发展模式就"内忧外患"。外有全球经济陷入长期停滞,出口的扩大基本取决于低价优势,而非把全球市场的蛋糕做大;内临人口红利减退、劳动成本上升,已然无法再靠劳动密集型产业吸引外资,获取国际竞争优势。到了2020年,新冠疫情的暴发加重"内忧外患",更彻底打破了原有的国际大循环现状。因为百年一遇之大疫情带来百年一遇之全球经济大衰退,尤其是美国经济的崩塌或因"美元—美债"等推倒全球多米诺骨牌,国际货币基金组织(IMF)预测,2020年全球经济陷入第二次世界大战以来最严重的经济衰退。于是,伴随疫情失控及疫情防控下的"封国""封城",全球经济联系出现罕见的紊乱与中断,国际贸易和投资大幅萎缩,国际金融市场风雨飘摇,再加上美国"退群"上瘾、非理性贸易摩擦等,以致IMF忧心忡忡地把当前形势定义为"大封锁"。

新冠疫情加速撕裂世界,让外部环境变得"更加不稳定、不确定",以致那些产业链不完善、依赖外需的国家备受煎熬,加速了传统以国际循环为主模式的终结。中国尤甚,因为美国将中国当作眼中钉,从科技打压到金融、军事等新冷战已全方位展开,以致中国周边紧张,对外开放遇挫,国际循环受冲击，而不得不向内看。因此，中国此时提出"双循环"实为形势所逼，需要以内循环为主、内外双循环互促来应对外部环境恶化，更要以稳定国内基本盘、畅通国民经济循环，真正主动地调结构促转型，实现高质量发展，迎来以内为主、安内促外、内外复式的国家战略新时代。

或许就连对华开打贸易战的美国都不曾想到，中国经济内部的韧性如此之强！中国人不仅劳动总量世界第一、劳动参与率世界第一，而且中国坐拥全球最完整、规模最大的工业体系，在全球供应链里举足轻重，是名副其实的"世界工厂"。再加上14亿人口超大内需市场形成，拥有1亿多市场主体和1.7亿多受过高等教育或掌握专业技能的人才，40年的发展让中国构建了良好的供给体系和市场基础，这是中国以内为主的最大底气。毕竟，相对于外部环境的"变"，不变的是国内基本盘的稳定，"我国经济潜力足、韧性强、回旋空间大、政策工具多的基本特点没有变"。尤其在美国仍然深陷疫情失控与经济停滞的两难泥沼中，中国是全球第一个成功控制住疫情，且在疫情防控与经济复工间保持平衡，并让GDP转正，逐步成为全球的经济安全岛。以此看，美国低估了中国的内在实力。因此，与其纠结于外部的不确定性，还不如"集中力量办好自己的事"。

因为从美、德、英等发达国家的路径看，它们无不经历内循环占GDP80%以上、外循环占GDP20%以内的重要跃升期。照世界银行的说法，所有经济体都已嵌入全球产业链，故而都存在内循环和外循环，只是重心、方向和结构有所不同。以前中国有老师带，学习西方就能收获后发红利，可如今自己跃居世界第二，非但西方老师不愿带着玩了，进入"无人区"后，已无法靠开放收获红利。这也意味着中国必须做好自己，以内循环为主，才能更好地实现外循环。

毕竟，中国自己也正面临跨越中等收入陷阱的关键期，针对国内突出的结构问题，需着力打通生产、分配、流通、消费各个环节，促进效率和公平有机统一。其中，效率更多地对应生产环节，更加强调"高质量发展"；公平更多地对应分配环节，公平分配将使得生产和消费循环更加畅通。而为进一步满足人民美好生活的需求、弥补发展不充分，必须通过内部创新体系的完善，即内部经济大循环所带来的基础创新、商业创新、集成创新等方式，促使中国生产力的进步，进而打通中国经济竞争力的"任督二脉"。尤其因为过去在核心技术和核心部件上过度依赖全球分工体系，如今在逆全球化与大国博弈中被"卡脖子"。2018年工信部对全国30多家大型企业的130多种关键基础材料的调研显示：32%的关键材料领域仍为空白，52%依赖进口；绝大多数计算机和服务器通用处理器95%的高端专用芯片、70%以上的智能终端处理器及绝大多数存储芯片依赖进口；高端数控机床、高档装备仪器、运载火箭、大飞机、航空发动机汽车等关键部件精加工生产线上，逾95%的制造及检测设备依赖进口。而此次疫情加速了产业链断裂与断层，中美"脱钩"等加剧产业链"迁出"中国。2020年的美国银行全球研究报告显示，新冠疫情使得全球性行业中80%的公司遭遇了供应链中断危机，北美所有全球性行业中一半都在建立回流试行方案，未来"世界工厂"将会分散在世界各地。因此，为改变受制于人的窘境，中国不仅要在关系国计民生的战略行业实行内部"备胎"计划，而且要通过自主原创和集成创新，实现技术内循环，更要通过国产替代内置和完善产业供应链，才能真正以内循环将经济命脉掌握在自己手中。

以此看内循环，显然既不是闭关锁国之类的误读，也非启动内需如此小格局，更不是在自力更生中内卷化耗散，而是在疫情常态化下对冲外部不稳定，对经济侧重进行的战略性调整，从"出口+投资"转向"内需+创新"，即曾经以外为主，改革开放驱动，现在以内为主，改革创新驱动。所谓的内循环从"畅通国民经济循环"到"促进形成强大国内市场"，将从供给侧到需求侧齐头并进，以结构优化和内生成长为核心，从而"培育新形势下中国参与国际合作和竞争新优势"，是为了更进一步实施主动的、更高水平的、更具韧性的开放。

新发展格局绝不是封闭的国内循环，而是开放的国内国际双循环，要利用这场百年一遇之大变局统筹、联通好国内国际两个大局、两种资源、两个市场的复式结构，以此来夯实中国的基础和能力。因为中国当下最大的特点，一方面将是全球最大的消费市场——2019中国零售额已逼近美国，另一方面是集中了全球最大的中低端产能。因此，国际市场之于中国极其重要，走向世界——包括人民币走出去，都是必然。更何况，中国历史上的几次内循环举措实际上都是被逼无奈,也包括此次由于外部环境的恶化导致在一定程度上以内循环为主。这是对外政治上"避开锋芒"、对内经济上"修炼内力"叠加的必然,一旦有机会缓和外部,开放合作还是大势所趋。

因此,内循环是以量变引发质变,修炼好内功,强健自身,才能在对外开放创新上更具主动性。一方面,内循环以满足人民美好生活需求作为落脚点,本质上依然是全方位开放,因为内循环的构建也需要跨国企业、外国资本、国际人才的积极参与,中国将坚定全面深化改革开放,引入外资"共谋发展"。在疫情中,外商直接投资不降反升,就已表明全球资本看好中国,中国经济安全岛的作用在上升。另一方面,尽管中美全面开启新冷战,全球化出现逆流,但中国已站在了世界舞台中央,面对美国开启的排华浪潮,中国将"有理、有利、有节"地用人类命运共同体以柔克刚。这意味着中国企业走出去会面临大量政治风险。但中国并非就此放弃海外市场,而是以退为进,守住阵地,蛰伏前行,以便做出更长远、更好的全球布局。

双循环背景下的外循环

王德培：福卡智库首席经济学家、中国经济体制改革研究会副会长

> 虽然国家主义盛行对国际市场循环形成干扰，但种种问题的症结还是在于市场，在双循环背景下中国外循环需实现升级，进而逐步以"市场"化解"国家"。

新冠疫情叠加中美"脱钩"愈演愈烈，中国经济参与国际往来碰壁不断。一方面，一般贸易领域首当其冲。面大量广的外贸型企业本就有成本上升、竞争激烈之虞，眼下又遇新冠疫情"国内上半场、国外下半场"的前后夹击，企业纷纷扛不住，2020年仅第一季度全国就有11660家外贸企业倒闭。另一方面，越来越多的中国企业被顶在杠头上。截至

2020年5月，在美国"实体清单"出现的1353家企业和单位中，中国（含港台地区）共362家企业和单位上榜，是上榜主体最多的国家。尤其在高科技领域，美国的围剿之势越发赤裸裸，如华为在全球已有152家附属机构被列入美国的"实体清单"（截至8月中旬），台积电、高通、联发科、三星、美光等企业"断供"芯片已成事实，华为高端手机的芯片存货量仅够支撑到2021年年初。在美国之外，"制裁"中国的声音也不绝于耳。且不说印度下架59个中国App闹得满城风雨，日本和德国也紧跟美国的脚步，前者准备以威胁本国信息安全为由限制TikTok等App应用，后者则紧急叫停高科技德企与中国的业务往来，如德国激光技术公司Mynaric就被禁止向中国出口卫星激光技术。中国经济受外部打压的程度由此可窥一斑。

中国经济面临极限压力，实为国际大循环已然进入激烈振荡期的鲜明表现。如今国家主义盛行，搅乱了市场一池春水。不仅国际贸易的自由、开放原则受到冲击，据WTO数据显示，仅截至2019年10月，一年间，全球已颁布超100项新的贸易限制措施，贸易壁垒已达历史高位，甚至以WTO为核心的多边贸易规则也随时面临崩溃。在美国持续的阻挠下，具有强制约束力的WTO上诉机构因法官席位空缺而首次陷于瘫痪，停摆迄今逾半年，这可能会直接导致全球贸易重回"丛林时代"。风雨飘摇之中，全球贸易增长的繁荣被击碎，转而落入收缩困境。2017年、2018年全球贸易还是一派景气，商品贸易全年分别大幅增长9.7%和10.7%，但到2019年，全球贸易增长由正转负，收缩2.4%。更别提2020年新冠疫情的推波助澜，2020年第一、第二季度全球货物贸易量萎缩颓势迅速扩大，分别下降3%、18.5%。在此背景下，企业也越来越"分裂"：一方面，企业无奈被捆绑在国家博弈的"战车"上，如日韩贸易战中航空企业、旅游企业纷纷停航、抵制；另一方面，自有盘算的企业往往又想在"浑水摸鱼"中获益，如脸书（Facebook）为商业利益（广告竞争）与政治诉求而站队，挥舞价值观大棒打压诸如TikTok等中国互联网企业。大环境不景气时各国倾向本国优先，虽在情理之中，但国家之手的强力干涉，难免推倒负面效应的多米诺骨牌。

殊不知，一开始问题的矛头就偏了。眼下诸多矛盾在根本上是全球化与市场经济所造成的失衡，国家间的冲突对立其实是"历史的误会"。市场经济随着全球化水银泻地，市场优化要素配置在全球范围内发挥效用，资本、劳动力、技术等纷纷涌向更有效率的地方，不同国家由于禀赋差异，在全球化进程中收益差别巨大，一定程度上加剧了国家间经济的失衡态势。1940~2018年间，主导全球化规则的欧美发达国家人均GDP上涨约10倍，至5万美元左右，而大量经济相对落后的地区则发展缓慢，如非洲人均GDP仅增长2.3倍，至1809美元。此外，随全球化而兴的跨国企业在世界范围内游走，致使就业岗位在世界范围内重新分工，传统西方发达国家在竞争中逐渐落于相对弱势。有研究显示，2001~2014年间，美国的跨国企业在本土减少了87.5万个岗位，而在中国、印度等国增加了420万个岗位。由此看，在市场作用主导全球经济发展的现实中，美国将自身的相对衰弱"甩锅"中国，已是离题万里。

事实上，如今全球化"进二退一"的"退一"仅为插曲，"进二"才是大趋势。当货物、服务、金融贸易与投资等在世界范围内自由、便利地流动已成事实，任何国家与政府都无法阻挡全球化的大潮与趋势。中国经济在国际循环中越来越不可或缺，看似挤压了别国利益，但现实却是各个国家早已在全球化中形成一个有机融合体，谁也离不开谁。例如，虽然中美之间贸易战打得不可开交，但在疫情期间美国的医疗物资还是离不开中国强大的供应链，不仅90%的口罩要从中国进口，相关医疗器械的原材料、零部件也无法完全绕开中国。如今全球化的逆流实为催动中国外循环版本升级的压力与动力。改革开放以来，"两头在外，大进大出"的外向型经济，实际逐渐造成了"生产在中国、消费在世界"的不均衡状态。这就导致了两个问题：一是中国的货物与服务贸易实力差距悬殊，服装贸易不仅一直是中国贸易逆差的主要来源，且中国服装贸易国际竞争力指数自1995年起始终为负，并逐年下降。二是中国制造大多被锁定在价值链中低端的生产加工环节，如中国虽然在苹果全球产业链中举足轻重，但在苹果产品中所占附加值不足25%。这也就意味着一旦全球化退潮，外循环便会因外部支撑力量被釜底抽薪而变得脆弱。中国此时提出"双循环"，内涵便是将外循环的支撑由外转内，以内循环作为外循环的坚实基本盘，促进外循环的升级迭代。具体到产业链、价值链上，便是由生产制造向设计研发与服务消费两端不断调整。这不仅意味着要做大内需,形成内部市场的战略纵深,更重要的是打通以创新促发展的"任督二脉",实现产业转型升级。一边需要进一步提质增效,形成高效运作的产业循环,另一边则亟待突破高端核心科技领域"卡脖子"的威胁,进而外循环才能在内循环基本面"不变"的基础上,应对国际大环境的"万变"。

综上所述,虽然短期看国际循环仍然难以避免政治风险,但解铃还须系铃人,由全球化市场经济所造成的国家间的矛盾与失衡,还要用"市场"的方式来化解:

其一,高度本地化,将"彼此"的差异消解于无形。归根结底,要真正融入本土市场,还要在员工、文化理念、业务模式、消费习惯等各方面实现高度本地化。相对传统的模板有如华为英国公司,总部70%以上的员工为当地人,深耕本土市场,逐步成为英国市场上可信赖的电信供应商与纳税大户。而在移动互联网时代,亦可以直接以海外生态为"根据地",从无到有,发展壮大。如抖音前身musical.ly在上海开发并运营,却通过互联网打入了美国青少年市场。

其二,从"内合资"向"外合资"扩展,进一步深度捆绑。过去是外国企业带着资本和技术来中国,培育中国市场的同时也与中国越来越密不可分。相应地,下一步或将是中国市场所哺育出的企业带着资本、技术和创新走出去。比如眼下印度30家互联网科技"独角兽"中,有18家受中国资本支持,其中不乏阿里巴巴、腾讯等巨头,覆盖电商、外卖、文娱等生活各方面。当市场的运作逻辑、商业模式、消费习惯相互融洽甚至互为"倒影"时,所谓捆绑不仅在于有形的利益,还将在无形的理解互通上更进一步。

其三,以整套模式抱团"走出去"。所谓抱团,不仅指传统意义上企业之间的抱团,而且指各种资源在更高层次上的抱团。如此,既能解决单一企业的水土不服,也能实现整体效益最大化。比如中非共建产业园,在空间上高度集聚形成产业链聚合,从制造业逐步拓宽至物流、农业、医疗、旅游等领域,支持了出海企业迅速嵌入当地生态。且对当地发展而言,引进整体模式就相当于引入了产业、资本、技术、项目等各方面资源,形成双赢。

其四,技术生态的合纵连横。中国长期未融入国际技术标准与规则的制定,与发达国家的技术往来大多也仅限于普通制造技术的转移。缺乏深度科技合作，这在很大程度上增大了技术脱钩的风险。而"走出去"的企业或许能作为平台，开启技术生态融合的新篇章。如华为遍布全球的研发创新中心以及与全球高校的广泛合作，形成了包罗俄罗斯员工做算法、意大利员工做微波传输、德国员工研究网络技术等在内的生态格局。在如今国家力量重重封锁下，仍得以召集全球2000多名工程师整合资源研发华为移动服务（Huawei Mobile Service，HMS），就足见技术生态的重要性。如此一来，只要在市场的深度融合下形成"你中有我，我中有你"的局面，国家之间的对峙亦将有所消解。

中国经济内循环与外循环的辩证关系

李稻葵：清华大学中国经济思想与实践研究院院长

> 中国经济内循环和外循环是对立统一的。内循环的关键在于通过城镇化、公共服务普及化和改变政府官员的激励方式，提升中国经济增长量，让更多人过上好日子。同时，国际外循环能让中国参与国际竞争，向外推广领先技术，提升中国经济发展质量，在全球竞争中保持竞争力。由此，中国经济内循环与外循环两者对立统一，不可偏废。

何为后疫情时代全球格局

后疫情时代全球的整个格局有三个特点：

第一，疫情之后全球经济恐怕会持续低迷一段时间。我说的低迷和报复性的反弹不矛盾,未来5~10年全球经济恐怕会进入一个经济低迷期,为什么这么讲?2008年的金融危机和这次疫情的暴发,都对全球经济带来重创,主要体现在经济体财政能力大幅度下降。2008年之后,很多发达国家,包括宏观经济管理做得很好的德国,都开始连续地增发债券。德国国债券超过了100%,这在20年前是不可想象的。所以,全球范围内,各个主要国家的财力都在下降,社会矛盾不断加剧。因此,未来的5~10年,各国政府,主要是发达国家的税负必然上升。而且各国为应对此次危机采取的货币大放水,在未来10年势必会进一步增加新一轮金融危机爆发的概率。

第二,疫情之后,全球化的领导力进一步下降。过去70年美国是领导全球化最主要的旗手,但是从三个方面来看,美国领导全球化的能力在下降:一是美国GDP占全球的比重大幅度下降,从"二战"后的56%降至2019年的约25%,目前还在下降。美国自身的市场规模不大,占全球比重又在下降,自己无法发挥榜样作用,又怎么说服其他国家市场进一步全球化?二是"二战"结束时,包括20世纪80年代初,美国在重要领域中拥有绝对领先的科技优势,因此,它不怕开放,越开放越有利于它的科技推广。而现在这个情况正在转变,最明显的例子是5G技术。美国之所以针对华为,就是因为华为在5G相关技术上处于世界领先地位,掌握了美国没有的先进技术。最近,美国围猎TikTok,再次凸显其霸凌做派和强盗逻辑,其本质上是科技战,无非是想抢夺字节跳动的源代码和核心算法。三是作为一个全球化的领导者必须有能力解决国内的利益冲突,美国的政府能力在下降。美国政府相对的调控能力下降,无法保障那些在全球化过程中利益受损的一群人,而对于从全球化过程中受益的华尔街和高科技公司的税收,又收不上来。

第三,科技发展加速,5G、人工智能(AI)、大数据、生命科学和生物科技等技术日新月异。首先是人工智能的发展。抖音为什么厉害?它能根据你看过的视频,演算出你的喜好并进行相关视频的推送,它也会进一步引导你的消费,Facebook现有技术就做不到这点。其次是互联网的深化应用。未来是物联网时代,每个楼里都有传感器,这个楼什么地方出问题、什么时候该维修,会通过传感器实时向后台上传数据。最后是生命科学和生物科技，随着科技的发展，人们可以科学地延长生命，并解决更多的健康问题。这些技术会带来变化，未来5~10年，或许将是这些技术飞速发展的时间。如今，中国与美国之间的摩擦越来越多地源于科技领域的竞争，而非传统的贸易赤字。

中国经济面临何种挑战

我国有两件事必须干好：

第一，我国经济的总量还要进一步增大。为什么？中国14亿人口基本上分成"4+10"，4亿人口进入到中等收入水平。什么叫中等收入水平？一般我们认为中等收入水平在物质层面的标志为"有车、有房、有教育、能旅游"。"有车、有房、有教育"说明你居有定所，物质生活稳定，受过高等教育，心理素质良好。"能旅游"说明工作不是那么紧张，有闲暇时间，这也是很重要的，不是钱多了就算进入中等收入水平。还有10亿人口可以成为经济发展的进一步动力，精准脱贫完成之后，中国经济规模要做大需要靠这10亿人，能不能让这10亿人第一次坐飞机，第一次坐高铁，第一次买汽车，第一次买城里的房子，既是中国经济总量要做大的要求，也是中国经济进入现代化水平，进入高收入国家的门槛。2019年，中国人均国民总收入（GNI）首次突破1万美元大关，高于中等偏上收入国家9074美元的平均水平，正不断靠近高收入国家人均国民总收入12736美元的标准。因此，我国的经济总量还要进一步增长，当"4+10"发展成"8+6"时，中国经济将迎来全新的面貌。

第二，要提高经济发展质量。我国要有越来越多的企业做到像华为一样，越来越多的新技术做到像抖音一样，在全球范围内能够占据领先地位。这样中国的经济发展质量才能上去，中国的百姓才不会天天靠流汗挣钱，而是变为靠动脑筋、靠科技、靠商业模式去挣钱。

何为内循环

什么叫内循环？现在也没有一个明确的定义，我认为内循环有三个内涵：

第一，必须要大幅度提升中国的最终需求。最终需求得到提升，也意味着国内市场规模的扩大。中国经济现在部分做到了这一点：2007年我国国际贸易量占GDP的70%，2019年是35%；2008年金融危机爆发前，中国经济每100元的GDP有9元来自贸易顺差，也就是100元的GDP有9元是外国人给中国市场的。而在今天，这一数字基本为0。2019年，我国国际贸易量占GDP的35%，其中，出口有相当一部分是从韩国、日本买的芯片，原材料加工再出口，我们的附加值大概占50%左右，真正现在依赖国外市场的大概是8%左右。国际经济的动荡对我们的冲击直接从需求上讲，影响的就是这8%左右的部分，主要是广东、浙江沿海一带。

第二，要建立统一的大市场。举一个例子，电梯到处都有，那么你知道中国有多少家电梯厂吗？600家。全国仅有600家电梯企业，是由于市场割据，未能形成统一的大市场。要形成国内大市场，就一定需要不同的企业进行兼并重组。在这方面，我们要向美国学习。美国宪法于1789年颁布，其本质是一部经济法，该宪法的根本目的是不允许各个州设立贸易关卡。所以，我们也要打通全国的大市场。举一个例子，什么时候北京的出租车不是以北汽为主，而是以上汽或东风为主，这时候就形成统一的大市场了。现在是地方割据化的,上海有上汽,重庆有长安。

第三,科技要有自主创新能力,这点也非常重要。重要的科技要靠自主研发创新,而不是依靠外援。

过往的外循环

以前的外循环中,对应内循环的三个内涵的情况是怎样的?

第一,我们以前的需求靠国外,原料和市场来自国外,我们仅靠加工挣点钱。

第二,资金来自国外,过去国外投资占GDP的6%。现在外商投资占比很低,GDP为13万亿美元,外资为1300亿美元,占比仅为1%。

第三,一些尖端科技来自国外。改革开放初期招商引资,内循环和外循环是不一样的,对于一个企业、一个地区,必须有侧重点。内循环和外循环之间肯定是有矛盾的。

内外循环的辩证关系

内循环和外循环在整个中国经济发展层面上讲是对立统

一的,是不矛盾的,对单个地区、单个企业可能是矛盾的。为什么这么讲?内需是中国经济增长动力的主要来源。我国市场占全球经济的比重,按照购买力评价估算为20%多,2020年有可能还上升一点,人均GDP到了全球的平均水平——1.1万(美元),发达国家是负增长,所以我国占全球1/5的市场。再发展当然靠自己,不能靠境外的市场,所以,内循环是我国经济持续发展的根本的、主要的动力来源。内循环能给中国经济增量的保证。

外循环的作用

外循环给我们带来的是质,为什么这么说?因为外循环带给我们两件事情:

首先,参与国际竞争。比如格力电器要出口,必须要符合国际相关标准做事,无形中有这个压力,反过来督促企业进一步学习。所以,外循环带来的好处就是学习,强迫我们持续学习。最近我们写了一本书——《中国的经验》,讲的就是中国经济发展的五个经验,其中最重要的一条就是持续地通过对外开放强迫我们学习。这个学习不仅是企业家、工人,也包括政府官员。我们为什么过去落后?明初以后不搞国际贸易,实行海禁;到了清朝闭关锁国,欧洲兴起新一轮技术革命时,我们在故步自封,所以不学习就不能进步。过去500年的惨痛教训让我们铭记,必须学习,不能关起门来自个儿竞争。

其次,让我们能够把自己领先世界的技术向外推广。举一个例子,抖音的核心优势就是算法。在其技术领先的情况下,如果抖音不去布局欧美市场,仅局限于国内,很难长久保持它的领先地位。可能过段时间就会有新的、同类型的,甚至技术更先进的产品来替代抖音。所以,为了能在竞争中保持优势,必须走出去,只有把自己的市场往外扩大,才能赢者通吃。

中国是世界闻名的美食大国。但同类型食物至少在商业模式上比不过麦当劳,如果反过来把中国的庆丰包子和宫保鸡丁推广到全世界,那么品牌效应就会越来越强。而不是像现在,青少年更喜欢麦当劳,下一代甚至认为炸鸡、汉堡在制作上比宫保鸡丁更有技术含量。

因此,外循环提高经济质量的主要原因有两点:一是推动企业努力学习,睁眼看世界;二是让我们领先的科技能够走向世界,这样才能真正站得住脚。这两方面我们都要总结前人的历史教训,并虚心地相竞争对手学习。越是竞争对手,我们越要虚心学习它的优点,保持冷静,才能最后在竞争中、合作中胜出。所以,内循环和外循环是矛盾的对立面,实际上是统一的。内循环给我们带来了量,让很多百姓过上好日子,能够从脱贫之后走向中等收入水平;外循环能够提高质,在全球竞争中保持我们的竞争力。质和量两者都需要,不要只强调一方面,而荒废另一方面。

内循环的关键

第一,城镇化是内循环的重中之重。没有农民进城,光有农民在城里打工,消费怎么能上去呢?农村的家怎么能参与现代经济循环呢?所以,城镇化是内循环的根本。

第二,公共服务普及化。现在很多消费上不去,为什么?因为怕生病,怕父母养老出问题,孩子教育要存钱,基本的社会服务没解决,老百姓不敢花钱、不敢买车、不敢改进住房条件等。这次疫情给我们一个非常重要的启示,就是政府在基本的社会服务方面的建设要继续加强。在疫情期间，从核酸检验到住院都由国家承办，明显的变化是医患关系变得和谐，老百姓也很满意。政府要继续加强基本的公共服务建设，这条做好了，中等收入人群才敢进一步消费。

第三，要改变地方政府的激励机制。改革开放40年得到的一个经验是地方政府的激励与市场经济是兼容的，地方政府使的劲儿与市场经济发展是同向的。比如江南一带，地方政府主动要求很多集体企业或者国有企业改制，很多集体企业不想改制，地方政府就会为其分析利弊。现在的情况是什么呢？很多地方政府纪律性很强，这是好事情。自2016年起，各地陆续设站级监察委员会，开展廉政建设和反腐工作。但是没有正向激励，大家就倾向保守，不敢突破创新。因此，需要改变地方政府的激励机制，尤其是地方政府，当然也包括中央政府，要从需求扩大的过程中获得激励。过去我们的激励主要是生产端的，现在要变成各级政府想方设法抓本地的收入和消费。税收要变，要从生产侧转向消费侧，要把更多的消费跟消费直接挂钩的税收交由地方政府管理。

这里有一个例子，为什么汽车消费上不去？一个简单的道理，汽车将近10%的购置税是交给中央政府的，各个地方政府积极性就不高，各个地方政府把汽车的配额增加一点，增加的是交通堵塞，税收给了中央，激励机制不匹配。所以我一直在呼吁，汽车购置税交由地方政府管理，这样才能让地方政府有更大的动力去合理地管理、发展汽车产业的消费，才能让地方经济从生产转向消费。

打通内循环，离不开政府和市场的共同努力

何帆：上海交通大学安泰经济与管理学院教授

张春宇：东北亚日本海研究会副会长

> 双循环要解决两个关键矛盾，这两个矛盾是过去20年来中国外向型经济模式的副产物。其一，国内生产高度嵌入全球供应链的同时，却在关键环节和领域缺乏足够保障。其二，中国崛起中产阶级越来越需要品质更高的产品满足对美好生活的需求，但中国企业为满足外需已经积累的强大生产能力却始终不能很好地服务国内的潜在需求。

新冠疫情的暴发给全球经济和全球贸易带来致命打击，但对中国出口的影响却没有预期中那么大，2020年3~6月中国出口规模基本与去年持平，第二季度净出口对GDP的拉动作用

是0.5%，大幅超过市场预期。出口超预期的背后是中国占全球出口份额在快速增加。部分原因是抗疫物资需求增加，目前只有中国有足够的生产能力来满足全球在这个方面突然增加的需求。部分原因是疫情导致部分产业的全球供应链出现紊乱，有些新兴经济体的生产能力受到影响，中国顺势获得了相应的市场份额。

这种趋势显然无法持续。当前，各国贸易保护主义愈演愈烈，美国对华政策越来越强硬，手段层出不穷，技术限制、市场准入壁垒等因素将持续困扰中国企业的全球经营。这些因素将限制中国继续参与全球大循环，继续深化全球生产的红利所剩无几。与此同时，中国经济转型已经初见成效，全球最大规模的中产阶级是中国经济最坚实的基本盘，国内红利从没有像现在这么诱人，国际头部企业无不希望分享到中国巨大的市场红利。在此背景下，中央提出了"双循环"的构想，即"以国内大循环为主体、国内国际双循环相互促进"。

"双循环"一经提出就引起了国内学术界和政策界的热烈讨论。有一种常见的误解，认为强调内循环实际上是对过去对外开放的纠偏,很容易走向闭关锁国的道路。

这首先是对闭关锁国的误解。闭关锁国强调的不是对内,而是排外。这种情况下消费和生产是分割的,市场的力量无从发挥,自然谈不上什么循环。最终的经济结果是政府部分在既定资源约束下实行非市场化的强制性分配,既无公平也无效率。

这还是对市场机制的不信任。在现代社会,一旦开放市场,就很难再次回到封闭状态。开放的时间越长,市场力量发挥的效果就越显著,再次回到封闭的成本也就越高。在经历了40年的改革开放之后,中国享受到了巨大改革红利和全球化红利,市场化程度虽然还有提升的空间,但要完全逆转几乎不可能。

双循环要解决两个关键矛盾,这两个矛盾是过去20年来中国外向型经济模式的副产物。其一,国内生产高度嵌入全球供应链的同时,却在关键环节和领域缺乏足够保障。未来在新的复杂外部环境下,生产效率与安全稳定的矛盾越来越突出,国内生产环节有很多短板要补。其二,中国崛起中产阶级越来越需要品质更高的产品来满足对美好生活的需求,但中国企业为满足外需已经积累的强大生产能力却始终不能很好地服务国内的潜在需求。这不仅是国内消费者的损失，同时也是企业的损失。因此，双循环并非手段，而是结果，问题的关键是如何解决上述两个矛盾。

事实上，中国企业部门正在主动出击，化解生产效率和安全稳定之间的矛盾。之所以会有安全稳定的担忧，核心是部分环节存在高度垄断，而高度垄断往往会带来超额利润。利润是企业行为的原动力。经过数十年的积累，中国企业已经具备与国际头部企业竞争的资本，在技术层面的水平也有显著提升，有能力也有意愿去参与更上游、更前沿的产品竞争。

近年来，在许多重要的上游行业，国产化替代的趋势非常明显，比如近年来石化行业的一体化装置在国内陆续投产，有效减缓了日本和韩国对部分原材料的供给垄断。华为的鸿蒙系统就是对安卓系统垄断地位的回应。我们对全球汽车供应链网络的分析表明，虽然中国依然缺少顶尖的跨国公司，但中国企业生产网络的国产化程度在最近5年内有明显提高。可以预想，未来相当长一段时间内，供应链本土化的进程还会继续发展，生产环节的国产化替代会越来越多。

相比于生产内部的矛盾,打通内循环的关键在于让国内强大的生产能力真正服务于国内庞大的消费潜力。这就要改变此前一直维系的外向型产业生态系统。外向型经济模式下的产业生态系统有三个典型特征:订单导向的市场开拓模式、以效率为核心的快速响应机制和无品牌的高质量产品。这种产业生态系统更强调生产能力,所有配套的基础设施,包括公路、铁路等交通物流基础,也包括融资体系和招工模式等软环境,都是围绕如何提高企业生产能力建设的。

这种环境下,企业间的竞争异常残酷,胜出的企业和企业家往往具备非常优秀的生产组织能力。可一旦外需环境出现趋势性恶化,这类企业往往会面临无力可施的窘境,生产经营会面临巨大困难。而这种困难是这类企业从没遇到过的,是企业能力维度中普遍缺失的环节,仅凭企业自身努力很难克服。同时,这又是众多国内企业共同面临的困难,一旦能够提出有效的解决方案,就可以带来巨大的正外部性[1]。

问题当前,政府早已躬身入局。浙江、江苏、福建、广

---

[1] 正外部性是指一个经济主体的经济活动导致其他经济主体获得额外的经济利益,而受益者无须付出相关代价。

东、山东等沿海省份的地方政府已经开始着手帮助出口企业开拓国内市场。部分地方政府甚至扮演渠道商的角色，试图建立起销售平台来解决当地支柱企业的市场开拓问题。比较典型的例子是福建省莆田市，为了解决当地制鞋企业对外需依赖过高、产业链利润偏低、品牌创新不足等问题，政府专门牵头成立为当地企业服务的供应链平台和技术研究平台。

市场当然不甘人后。中国国内庞大的消费市场足以让每一个解决真问题的人都赚得盆满钵满。有些机构致力于让中国消费者找到并认识那些为国际品牌生产的中国企业，帮助消费者省去购买同样商品时附加的高额品牌溢价，例如网易严选、必要等平台。还有部分互联网平台企业，如拼多多，则是直接联合地方政府和企业，充分发挥自身的平台优势，帮助企业开拓国内市场，让企业更快、更直接地接触到中国的消费者，了解他们的需求，为中国消费者生产他们真正想要的东西。

究竟哪种模式更为有效尚不得知，但在打通内循环的大方向上，政府和市场的力量都不可或缺。政府实际上并不需要真正为企业去做市场，而是应该把精力放在细节性改革，重点是改变过去为出口服务的种种监管和措施。例如，出口企业在银行获得的是美元授信，当出口企业转向国内时往往很难获得同样额度的人民币授信，原因就在于美元授信的抵押是信用证，而信用证背后的信用是国际企业或国际银行的信用。当中国企业将目光转向国内时，所有类似的细节都是挡在中国企业眼前的薄纱，让中国企业看待国内市场时总感觉朦朦胧胧，捉摸不清。市场机构能做的当然更多，但如何真正从企业正常经营中分享到红利，还需要在激励机制和风险共担机制上做更多的尝试。

新时期下的新变化与我们要做的新探索[①]

张涛：财经媒体专栏作家

路思远：财经媒体特约评论员

> 中国在成长为现代化强国的过程中，继续向高收入国家进阶的"坡度"会越来越陡，同时还要迈过"中等收入陷阱"这道坎。"十四五"作为两阶段战略安排的第一个五年，核心任务就是针对内外新变化，围绕战略目标做好新探索，努力实现"爬好坡"与"过好坎"。

国家统计局公布数据显示，2019年中国人均GDP首次超过1万美元，达到10276美元，同时按照世界银行最新统计，

[①] 本文首次刊发于《中国改革》2020年第5期。

2019年中国人均GNI已达到10410美元[①],意味着按照世界银行收入分类标准,我国人均GNI再提高2125美元[②],就进阶迈入高收入国家行列。参照成功进阶高收入国家的经验,在由中等收入向高收入迈进的过程中,进阶速度一般呈现出边际递减的规律,中国也不例外。中国人均GDP是于1992年和1994年先后超过低收入国家均值和中等偏下收入国家均值的,之后整整又花了22年的时间,才于2016年进阶,超过中等偏上收入国家均值。目前虽然我国人均GDP突破1万美元大关,但仍低于同期全球人均GDP均值,且更低于高收入国家人均GDP均值,因此中国继续向高收入国家进阶的"坡度"会越来越陡(如图1-1所示)。另外,20世纪,部分拉美国家、亚洲国家在进入中等收入国家之后,就止步不前,陷入"中等收入陷阱"。这些经验教训显示,发展进程始终是不进则退,那么中国在成长为现代化强国的过程中,就必须要迈过"中等收入陷阱"这道坎,而从中国自身发展的战略安

---

① 世界银行采用阿特拉斯方法的汇率,统计的2019年美元现值人均国民总收入(GNI)。
② 2010年7月1日,世界银行公布的最新收入划分标准显示,高收入国家的标准为人均GNI大于12535美元。

排来看,"爬坡"和"过坎"实际上是战略推进的"一体两面"。

按照预设路径,2020年我们即将全面建成小康社会、实现第一个百年奋斗目标,接下来就是第二个百年奋斗目标的实现。对此,2017年的十九大报告就已做出明确的两阶段发展战略安排:"第一个阶段,从2020年到2035年,在全面建成小康社会的基础上,再奋斗15年,基本实现社会主义现代化。第二个阶段,从2035年到本世纪中叶,在基本实现现代化的基础上,再奋斗15年,把我国建成富强民主文明和谐美

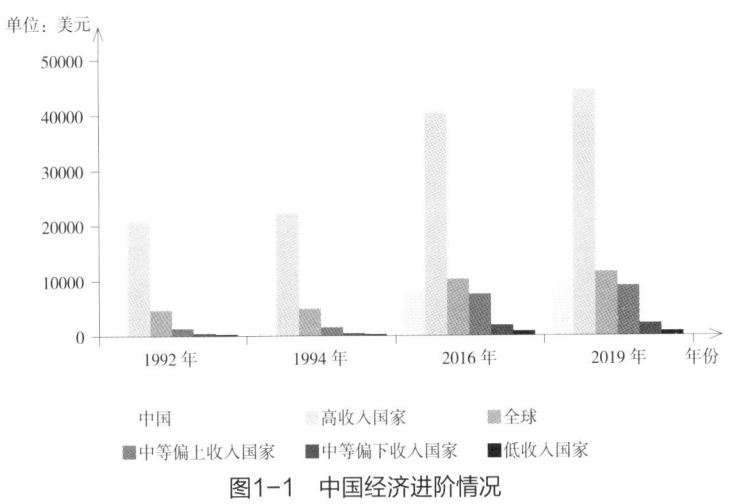

图1-1 中国经济进阶情况

数据来源:世界银行

丽的社会主义现代化强国。"但与2017年前相比,我们所处的外部发展环境和具备的内部发展条件,均已发生了深刻变化。"十四五"作为两阶段战略安排的第一个五年,核心任务就是针对这些内外新变化,围绕战略目标做好新探索,努力实现"爬好坡"与"过好坎"。

外部环境面临的挑战

首先,出乎所有人的意料,在突如其来的新冠疫情裹挟下,全球踩着慌乱无序的步伐迈入本世纪的第三个10年,尤其是在疫情冲击下,各国的需求与供给均不同程度地出现了下滑和受阻,并使全球陷入了深度同步性衰退的困境之中。世界银行统计数据显示,截至2020年上半年,全球已有92.9%的经济体处于衰退状态,同步衰退程度不仅高于2008年全球金融危机时的61.2%,也高于1929~1933年间大萧条时期的83.8%。世界银行统计数据显示,在1870年至今的150年间,全球经济衰退同步性均值为54.3%,若剔除期间全球性的大危机后,衰退同步性均值仅为47.6%。而且世界银行还在其2020年6月份的《全球经济展望》中,预计2020年全球经济将收缩5.2%,其中发达经济体的经济活动将收缩7%,新兴市场及发展中经济体将收缩2.5%,这是至少60年来全球首次整体性的收缩。同时,全球人均收入也将下降3.6%,将有亿万人陷入极端贫困状态(如图1-2、图1-3所示)。即便如此差的预测,还是世界银行在中性情景下做出的。如果后期疫情出现超预期反复,那么全球经济的运行状况将更加糟糕。由此可见,新冠疫情对全球经济的冲击,无论在广度还是深度上均是史无前例的,这也就意味着全球经济的恢复以及我们外部环境的修复会是一个十分缓慢的过程。

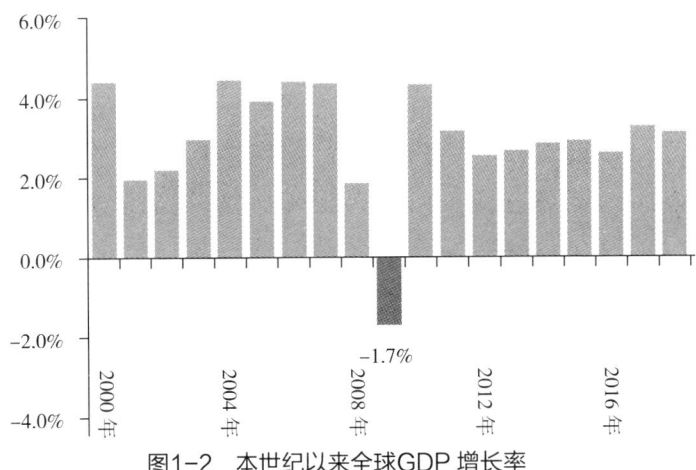

图1-2 本世纪以来全球GDP增长率

数据来源:世界银行,2020年和2021年为世界银行6月8日发布的《全球经济展望》报告的预测数据

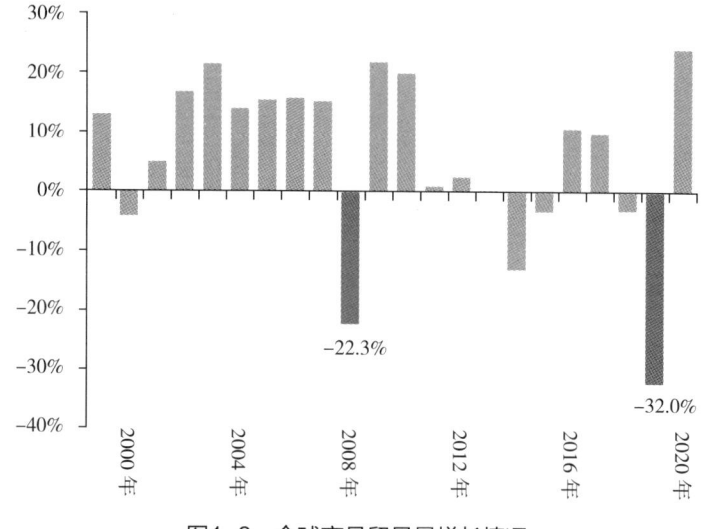

图1-3 全球商品贸易量增长情况

数据来源：世界贸易组织，2020年和2021年为世界贸易组织预测数据

其次，除了疫情带来的外生性冲击，近年来影响全球经济运行更重要的内生性变化因素是全球化进程出现的明显逆转趋势。伴随各经济体之间贸易不平衡、各经济体内部贸易部门与非贸易部门间不平衡程度的持续加深，不少经济体陆续或主动或被动地转而奉行单边主义，加之疫情期间全球供应链出现的阶段性停摆，进一步强化了各经济体降低自身对全球化依赖度的诉求。其中，尤以中美关系变化影响最大，伴随美国对华开始系统性推动"去中国化"进程，双方摩擦已

由经贸延伸至军事、金融、投资、实体、旅游以及文化交流等更广泛的领域,而2020年6~7月期间美国国务卿蓬佩奥等多名美国政府高级别官员的系列公开演讲,更是在有意激化两国民众的对立情绪,试图将两国引入对立境况。[①]客观地讲,中美关系的加速复杂化,在今后相当长时期内,将持续对全球经济良性运转和金融市场稳定运行产生负面影响。

第三,新冠病毒较强的传播性直接致使新冠肺炎快速蔓延为全球性的大流行病,疫情的中心先后波及亚洲、欧洲、北美洲,目前已移至拉丁美洲。而世界卫生组织已经多次发出警告,非洲的疫情正在加速恶化。在新冠疫苗成功研发且大规模上市之前,各国对疫情的防范更多是通过"口罩""限制聚集""社交隔离"等非医疗措施降低病毒的传播速度,保障医疗设施不出现挤兑坍塌,进而确保重症患者能够得到及时医治。虽然全球新冠肺炎的平均病死率确实出现了趋势性下降,但目前依然在3.5%以上(4月底曾一度高达7.2%)。

---

① 2020年7月皮尤研究中心的一项调查结果显示,参与调查的1003名美国成年人中,对中国持负面观点的占比高达73%,比2018年双方关税战初期的比重上升了26%。

按理说，要想最大限度地降低全球性公共卫生危机的损害，就需要各国采取联合一致行动。然而事与愿违，全球合作机制迄今未能成形，其中美国不仅没有积极促成抗疫全球化的合作机制，还明确宣布退出世界卫生组织，并不间断地对世界卫生组织和中国进行污名攻击。全球合作机制的缺失，不仅直接造成全球性联合防控疫情公共服务供给的缺失，而且必然影响疫苗的研发和使用。若此局面迟迟未能得到有效改善，对于医疗资源十分有限的落后国家和贫穷国家而言，疫情一旦蔓延，必将导致极为严重的人道主义灾难。对全球而言，此风险的潜在损害更是难以估量。

第四，针对疫情带来的外生性冲击，尤其是给中小企业和低收入阶层造成的阶段性困境，各国普遍实施了多轮救助和经济刺激，包括政府暂缓收费和提供融资担保、财政部门减免退税和加大支出、货币当局降息、提供流动性和购买资产等，这些政策干预在对冲疫情冲击的同时，也让政府、企业和居民等各部类的债务快速增加。但在疫情的冲击下，各类经济主体的经济活跃度均出现大幅下降，加之始终存在疫情反复的干扰，导致经济恢复不可能一帆风顺，全球经济很难实现疫后的V形恢复。在此过程中，包括政府在内各部类激增的债务居多是非生产性的——新增债务并不会带来持续的现金流，由此经济运行也就越来越难以摆脱"债务——通缩"的压力。与此同时，各国货币当局出于维系经济社会信用链条不破裂的需要，持续投放巨额货币，而若经济运行的供给层面未能得到应有的恢复，那么对于低收入人群而言，超额货币投放的背后必然是不断上升的真实通货膨胀压力。由此，在通货紧缩和通货膨胀的夹击下，全球宏观政策面临的掣肘会越来越多，相应政策的有效性则越来越差，政策空间也会越来越窄。

第五，鉴于疫情给不同人群造成伤害的差别（例如老年人的重症率和病死率均要远高于年轻人），以及社交隔离等措施对不同人群产生影响的差别，客观上造成不同人群的利益因为疫情而不平衡的局面。为此，在一些西方国家，新冠病毒被千禧一代和Z世代[①]为代表的年轻人称为"boomer remover（老年人终结者）"，并且这些年轻人居

---

① Z世代是美国及欧洲的流行用语，意指在1995~2009年间出生的人，又称网络世代、互联网世代。

多赞成群体免疫，反对社交隔离。因为新冠肺炎给老年人（主要是指婴儿潮一代）的伤害更大一些，采取社交隔离等措施，让重症患者能够得到及时有效的医疗救治，更直接有利于老年人福利水平的维系和改善。但对重症率和病死率相对低的年轻人而言，他们不仅要承担社交隔离带来的额外成本，还可能因此陷入失业困境，而政府因抗疫产生的巨额债务客观上也是对年轻人福利的透支，不少年轻人认为老年人通过牺牲年轻一代的福利来保全自己的晚年。因此，在疫情的催化下，各国内部的代际冲突被进一步激化，并且引带出越来越明显的民粹主义。在此背景下，如果一旦被污名为病毒肇事者，那就意味着可能会被转嫁为矛盾的承担者，这也是美国就病毒肇始一直在甩锅污名中国的重要原因之一。而未来我们要想继续提高自身对外的融合度，就需要应对好不断加剧的代际冲突及民粹主义情绪。

仅上述五个方面外部环境的变化，就已经令中国"经济形势复杂严峻，不稳定性、不确定性较大"，更何况"世界正处于百年未有之大变局"，在两阶段发展战略推进过程中，一定还有很多已知或未知的变化，让我们所处的外部环境变得异常复杂和难以把握,我们相应面临的挑战也将更加艰巨。

内部条件出现的瓶颈

除了上述外部环境的巨变之外,我们的内部条件同样也发生了显著的变化。以这次新冠疫情期间中国经济运行的样板为例,得益于有效的疫情防控和政策对冲,继2008年金融危机之后,中国再次在全球性危机中率先实现复苏,第二季度GDP季度环比折年率由第一季度的-34.4%大幅反弹至54.6%,而同期欧美、日韩等发达经济体的衰退程度还在加深之中,仅从宏观数据的表现来看,中国经济确实具有很强的韧性(见表1-1)。

表1-1 7国GDP季环比折年增长率

	中国	美国	德国	法国	英国	日本	韩国
2019年第一季度	8.2%	2.9%	1.9%	2.0%	2.7%	2.6%	-1.2%
2019年第二季度	4.9%	1.5%	-1.0%	1.0%	-0.2%	2.1%	4.1%
2019年第三季度	5.7%	2.6%	1.1%	0.8%	2.1%	0.0%	1.6%
2019年第四季度	5.3%	2.4%	-0.4%	-0.4%	0.0%	-7.2%	5.3%

续表

	中国	美国	德国	法国	英国	日本	韩国
2020年第一季度	-34.4%	-5.0%	-8.6%	-19.7%	-8.5%	-2.2%	-5.1%
2020年第二季度	54.6%	-31.7%	-34.7%	-44.8%	-59.8%	-27.8%	-12.6%

数据来源：Wind

但从中观和微观的数据表现来看，中国经济发展的内部条件已经碰到了巨大的瓶颈，而且变化早在疫情暴发和逆全球化趋势成形之前就已经显露端倪。

以就业和外贸的数据为例（如图1-4所示）。

图1-4 中国城镇调查失业率

数据来源：Wind

首先，统计局公布的数据显示，2020年7月末中国城镇调查失业率为5.7%，虽高于疫情前的5.2%（2019年年底），但已经较2月份的6.2%有所回落，表明就业有了明显改善，这也与GDP增长率的变化相拟合。但同为统计局公布的PMI就业数据，则显示出就业市场改善的稳定性并不好，结构性和隐性失业压力依然很大。例如，自3月份以来，制造业PMI就业指数就持续高于非制造业PMI就业指数，至8月已经连续6个月。就业市场本应更好的服务业就业弱于制造业就业，表明虽然政策对疫情短期冲击进行了对冲，但经济产出缺口并未得到完全修复。而从中期的数据表现来看，即便没有新冠疫情冲击，近年来的实际失业和不充分就业的情况也不容乐观。例如，制造业PMI就业数据自2012年就持续低于50%，2年后非制造业PMI的就业数据也开始持续低于50%。两大产业的就业数据持续低于50%的荣枯线，表明在较低失业率背后，有很多新增就业是通过非正规就业渠道实现的（如图1–5所示）。

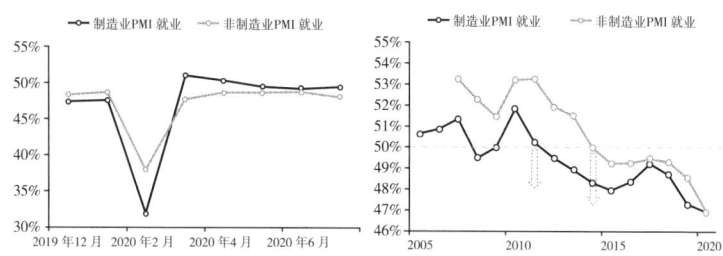

图1-5 制造业和非制造业PMI就业指数情况

数据来源：Wind

另外，外汇管理局公布国际收支平衡表的初步数据显示，2020年上半年中国累计实现了经常账户顺差859亿美元，比去年同期增加了253亿美元，但此顺差结果的前提是上半年居民境外旅游萎缩了近600亿美元（2019年上半年我国居民境外旅行累计支出1275亿美元，2020年同期仅有705亿美元）。如果剔除疫情致使境外旅游受限的因素，上半年经常账户顺差可能就不足300亿美元，同时按照经贸协议[①]，中国需要持续增购美国产品，今年上半年已实际累计进口了402亿美元。换言之，如果没有居民缩减节省下的境外旅游支出，

---

① 《中华人民共和国政府和美利坚合众国政府经济贸易协议》第6.2条第一款规定，从2020年1月1日至2021年12月31日两年内，中国应确保在2017年基数之上，扩大自美采购和进口制成品、农产品、能源产品和服务不少于2000亿美元。2017年，中国进口了1300亿美元的美国产品和560亿美元的服务。

履行经贸协议中的增购承诺,就需要消耗我们多年积累的外汇储备,而经常账户顺差数据反映出的问题,实际就是贸易部门对经济增长和就业岗位供给贡献的下降。

实际上,在本次疫情前,非制造业PMI就业指数已经多年持续高于制造业PMI就业指数,表明伴随经济结构的调整,服务业已取代制造业,成为我国吸纳新增就业的主力军。但作为一个硬币的另一面,服务业的劳动生产率低于制造业也是不争的事实,结合同期城镇化率的持续提升,则意味着我们大部分新增劳动力在流向城镇之后,多是去了劳动生产率较低的行业就业,此与2015年之前劳动力从农业流向生产率更高的工业和服务业,带来全员劳动生产率的持续提

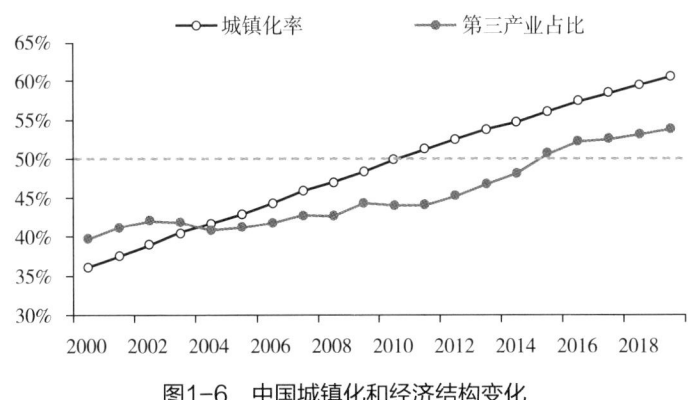

图1-6 中国城镇化和经济结构变化

数据来源:Wind

升,是显著不同的(如图1-6所示)。

综上几个短期和中期的数据变化,映射出我们内部条件发生的一个巨大变化——劳动生产率出现持续下降趋势,这个趋势是在劳动生产率增速在十一五时期达到两位数之后开始出现的,十三五时期的劳动生产率平均增速已降至6%以下,而且趋势还在不断强化。导致劳动生产率下降既有要素投入方面的原因,例如人口红利式微、有效资本增长缓慢等,也有技术创新贡献下降的原因,世界银行最近的一项研究结果显示,中国的全要素生产率(TFP)由全球金融危机前10年的2.8%降至危机后的0.7%。近年来,在增速换挡调整的同时,对于就业最大化追求的兼顾,实际上就是以牺牲劳动生产率来保就业数量的经济思维。今后在疫情冲击和外部环境趋势变化叠加影响下,加之内部要素条件也呈现收敛态势,一旦就业稳态丧失,那就必然会出现经济大幅滑坡,相应陷入中等收入陷阱的风险也将大幅上升(如图1-7所示)。

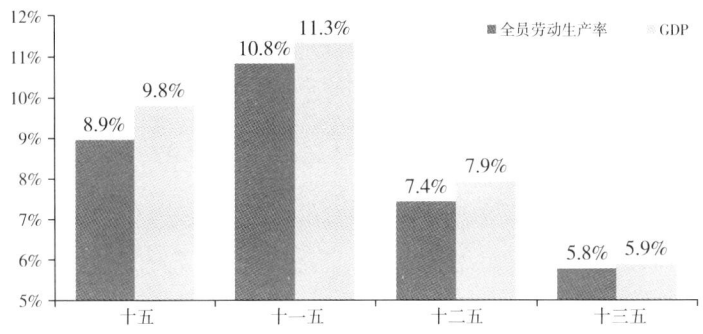

图1-7 中国全员劳动生产率增速与GDP增速

数据来源：Wind

以阿根廷、巴西、墨西哥和马来西亚为例，这四个国家均是在20世纪70年代前后达到中等收入国家标准——人均GDP超过1000美元，但随后由于劳动生产率出现了趋势性下降，经济增速也出现了台阶式下降，导致这四个国家始终无法继续进阶，长期陷入"中等收入陷阱"的泥潭之中。而中国是于2001年达到中等收入国家标准，之后仅用了18年的时间，人均GDP就超过了1万美元，这与我们较高的劳动生产率和持续经济高速增长密不可分（见表1-2）。

表1-2 中等收入陷阱案例国家的经济增速

		阿根廷	巴西	墨西哥	马来西亚	中国
人均GDP 超过1000美元的时间（T年）		1964年	1974年	1974年	1977年	2001年
GDP平均增速	T	10.1%	9.0%	5.8%	7.8%	8.3%
	[T+1,T+5]	5.5%	5.9%	6.4%	7.3%	10.7%
	[T+5,T+10]	3.7%	1.4%	3.4%	3.9%	10.7%
	[T+10,T+15]	2.1%	4.5%	1.2%	9.3%	7.4%
	[T+15,T+20]	2.0%	1.2%	3.8%	9.6%	6.0%
	[T+20,T+25]	0.8%	3.1%	3.5%	3.1%	
	[T+25,T+30]	3.1%	2.1%	1.7%	5.8%	
	[T+30,T+35]	4.1%	4.8%	2.8%	4.5%	
人均GDP 超过1万美元的时间		2010年	2010年	2008年	2011年	2019年

数据来源：世界银行

再观察美国、德国、日本和韩国这四个成功跨过"中等收入陷阱"的国家，其中美国在人均GDP超过1万美元之后，仅用了3年时间就达到高收入国家标准；日本、德国和韩国的人均GDP由1万美元升至1.3万美元，依次耗用了5年、7年和8年。而且这三个国家都曾出现过人均GDP重新回落至1万美元以下的情况,即在人均GDP超过1万美元之后,经济运行经历了很大的调整(见表1-3)。

表1-3 成功跨过中等收入陷阱的高收入国家相关数据

		美国	德国	日本	韩国	中国
人均GDP 超过1万美元的时间(T年)		1978年	1979年	1981年	1994年	2019年
GDP 平均增速	[T-10,T-5]	3.2%	4.9%	4.6%	10.9%	9.0%
	[T-5,T-1]	3.0%	3.1%	4.4%	8.2%	7.0%
	T	5.5%	4.2%	4.2%	9.3%	6.1%
	[T+1,T+5]	1.6%	1.2%	4.0%	6.0%	
	[T+5,T+10]	4.5%	2.7%	1.4%	6.0%	
	[T+10,T+15]	2.3%	2.7%	2.7%	3.8%	
人均GDP 超过1.3万美元的时间		1981年	1986年	1986年	2002年	
人均GDP 是否曾重新回落至1万美元以下		否	是	是	是	

数据来源:世界银行

上述两组案例反映出了一个共性问题:维持较快增长的劳动生产率是发展和进阶的关键。

例如,内部要素条件的收敛,包括人口红利式微导致劳动力成本的上升；总储蓄率下降叠加收入分配差距恶化致使实际储蓄率大幅下滑，进而造成投资率快速下降；还有技术创新进展缓慢或者产研转换率不高等，均会导致劳动生产率的下降；加之，服务业占比持续提高本身也会带来劳动生产率的下降。与此同时，与人均GDP提升同步，人均收入也会增长，相应居民对于金融服务的诉求也会增多，进而会进一步提高金融化程度，而与金融化程度提高并行，金融危机爆发的频率也会上升。这些内部条件的变化如果应对不好，那么跌入"中等收入陷阱"的概率就会增加。

除此之外，外部环境以及对外的政策取向也是重要因素。例如，美国之所以只用了3年时间就一举迈入高收入国家，以及德国、日本和韩国相继进入"富人俱乐部"，与20世纪80年代以来的全球化浪潮密不可分。经济全球化最大的好处就在于能以较低成本获得境内外两类资源，并能通过境内外两个市场的联通来保证资源配置的效率，同时伴随贸易壁垒削减，各国不仅能够实现人才和资本自由流动，还能享受到科技、管理等广泛运用的外溢性效用。

此方面的典型反例则是伊朗。1979年革命以后，伊朗确立的对外基本方针之一就是断绝与外界的经济关系,之后伊朗经济一蹶不振,逐渐失去了亚洲经济强国的地位(1977年伊朗占全球经济比重为1.11%,是位列日本、中国和印度之后的第四大亚洲经济强国),沦为经济上的贫弱国家(20世纪90年代初期伊朗经济占全球比重一度跌至0.2%),如图1-8所示。

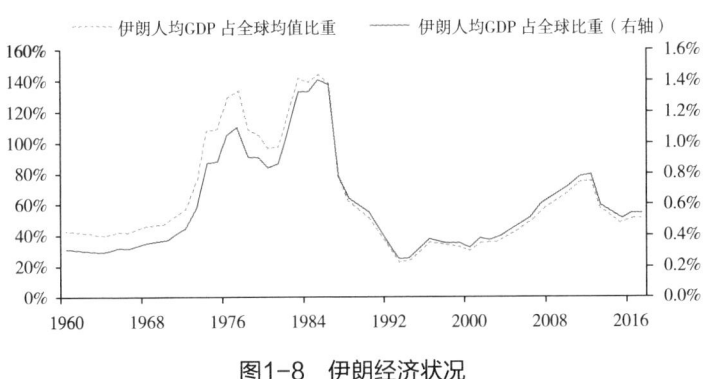

图1-8 伊朗经济状况

数据来源:Wind

新时期要做的新探索

在对外部环境和内部条件新变化的分析之后,推进十九大明确的两阶段发展战略安排之前,在十四五时期我们关键就要做好两个新探索。

第一个探索就是在全面实现小康之后,我们接下来的阶段性目标是什么，且需要什么样的体制改革为之保驾护航。

与本世纪初我们人均GDP超过1000美元、刚刚达到中等收入标准时不同，目前支撑我们经济增长的诸多要素条件均发生了很大变化，例如，自2012年我国15~64岁适龄劳动力就开始以每年300万~400万人的速度净减少，其人口比重由峰值73.3%降至70.7%，同期老龄化程度也接近了12%；储蓄率由峰值52%降至44%；资本产出率由4%降至不足1%的水平；土地、环境等要素运用正向"绿水青山"模式转变。客观上讲，这些变化均导致支撑经济增长的要素条件出现了趋势性收紧，若没有相应的对冲机制安排和体制保障，已经确立的供给侧结构性改革和更高水平对外开放能否顺利推进？即便是新时期经济层面的改革开放能够继续得以推进，是否足以保证预设战略目标顺利实现？是否能够将微观主体的预期与国家战略有机地统一起来呢？是否能够实现微观主体福利水平与宏观增长有机地统一起来呢？另外，在机制和体制层面，我们是否需要第二次"摸着石头过河"？

这一系列问题，实际上在那些未能持续保持发展进阶的失败国家发展过程中都相应出现过，背后的核心就是当要素条件出现趋势性收紧时，经济增长将更加依赖全要素生产率的提升。而除了技术创新的持续和产研转换率的提升，伴随发展阶段的提高，微观主体的创造性和积极性越来越成为核心要素，且调动该要素则越来越依靠社会整体的治理水平。在一个较高治理水平的社会环境下，包括经济运行在内的社会整体运行成本一定是稳中趋降的，唯有这样，全要素生产率才能在要素条件趋势性收紧的环境下继续提升，这也是成功进入高收入国家的普遍经验。

第二个探索就是伴随外部环境变化，在对外策略方面，继"韬光养晦"之后，我们的替代策略又该如何安排。

我们之所以能够在短短的18年间，就将人均GDP由1000美元提升至1万美元以上，与我们"韬光养晦"的对外策略的成功密不可分。该策略准确地抓住外部环境提供给我们的有利时机，让我们较好地利用了境内外两类资源，同时开拓联通了境内外两个市场，为我们保持较高的经济效率提供了十分有利的支撑。

但伴随我们经济规模的增长、经济影响力的扩大，造成我们经济行为的外溢性越来越强，进而也实实在在影响到一些先富国家。而本次新冠疫情致使全球供应链的阶段性中断，更强化了这些先富国家对后起国家的焦虑感（资源总是稀缺的，而经济诉求又总是无限的，即全球范围内，各国间始终要面临资源分配和利益分割的冲突）。因此，出于巩固自身利益以及缓解内部矛盾等因素的考虑，这些国家转而推行去全球化、去中国化、重构全球规则、产业链脱钩等，这些变化使得"韬光养晦"的对外策略已难以适应，必须做出调整，而调整后的策略一定也得像"韬光养晦"策略一样，将我们所处的内外条件和发展诉求有机地协调起来，而且更重要的是策略必须是主动性的，而非被动应对。

总之，在实现中华民族伟大复兴中国梦宏伟目标的路径上，中国已有清晰的发展路径，包括1949年新中国成立的"站起来"；2020年实现全面小康之后，继续成功跨过中等收入陷阱，进入高收入国家的"富起来"；建成富强民主文明和谐美丽的社会主义现代化强国的"强起来"。在这条既定的预设路径上，十四五作为两个百年目标的历史交会期内第一个五年，是实现"富起来"目标的关键期。在这个关键期内，首先需要完成上述两个探索，最起码要在思路上逐渐清晰起来,然后再通过10年左右的时间,去不断实施和调整,到2035年前后实现"富起来"目标,并为第二个百年目标的实现奠定好基础。

中国被迫启动内循环会带来什么

司马懿：知乎"大V"

> 过去几十年，中国的经济发展一直是外向而粗犷的。因为海外巨大的市场容量和中国本土的劳动力优势，很多时候并不需要怎么挖掘潜力，就可以从海外大量获利。随着中美贸易战的不断升级，内循环诚然是应对当前国际形势的应变之举，但也不妨看作一个契机，来整顿过去外向型经济所带来的粗犷之风，更好地修炼企业的"内功"。

世界工厂能够内循环吗

随着中美贸易战的不断升级，"内循环"这个词正在被越来越多的人提起。什么是内循环呢？它其实是相对于外循环而言的。在工业化高度发达的今天，一件最终的消费品从原材料的挖掘、提炼到中间商品，然后到人们可以在衣食住行中消费，往往都需要经过一系列长长的产业链的打磨。而消费完之后，人们得到了新的补充，就可以进行下一轮的生产；如此周而复始，就可以称为完成了一次循环。

所谓内循环，就是整条产业链，包括消费端都在国境线之内。以中国陆上960万平方千米的国土和14亿国民，打造出从头到尾全部立足国内的全产业链也无不可。但是内、外循环的区别，不仅仅在于规模，对于一国国民收入的分配和产业结构调整都有很大的影响。一个14亿人口国家的内循环和14个一亿人口国家的外循环有本质的不同。其区别就在于，国境线内外的人们并不拥有同样的目标。科技无国界，但是产业结构、竞争环境和公共支出有国界。

一个故事

让我们先来看一个故事。世界上有两个国家A和B。假定这两个国家什么都一样，是完全对等的。现在A国突然出现了一个惊世骇俗的天才，他什么都会、什么都懂，一天可以解决几十个世界级的难题。显然，这个人的时间就变得非常金贵，价值非常高。那么，围绕着这个人的科研和技术团队，因为有了主心骨的存在，也会变得更加有价值——毕竟给天才打下手，也是节省了天才的时间。久而久之，就会有更多的普通人因为加入这个团队，从而获得更高的报酬。

如果我们把这个逻辑继续推而广之，既然同样是科研团队，A国的团队有了天才的存在，创造的价值增加了，那么为团队中的每个人服务的其他行业的人员，其实也创造了更多的价值，可以获得更高的报酬。于是A国人就会更愿意去追逐这些高收入的工作，因为人的数量是有限的，必然就会造成愿意从事其他相对价值比较低的工作的人越来越少。

但是，有很多低价值的工作就是需要人来做的。怎么办呢？这些低附加值的工作，就会外包给B国。而有一部分无法外包的服务业，比如水管工、快递员等，因为其服务的客户总体来说能够创造的收益比B国更高，于是也能够获得一部分来自本国这位天才"溢出"的价值。最终，本来没有收入差距的A和B两个国家，就因为A国这个天才的存在，出现了即便同样是水管工，同样是快递员，A国的收入比B国的更高的局面。

如果现在因为某些原因，A、B两国转入内循环，会有什么局面呢？损失是相互的。对于A国而言，原本可以转去B的产业无人接手，这意味着A国只能进行国内分工，必然会有相当一批A国居民不得不继续从事这些处于产业链下游和可替代性较强的工作，所以A国的平均收入降低了，这是A国的损失；同样的道理，B国居民也无法接到A国所"溢出"的工作，这也是B的损失。简而言之，之前是A和B共同做一块大饼，现在是A和B分别各做一块小饼，两块加起来还没有之前的那一块大。

产业结构的启示

上面这个故事可能不太现实，因为现代科学体系之庞大，已经很难出现如此惊世绝伦的天才了。但是如果把上面这个"惊世骇俗的天才"换成优势产业和优势科研领域，故事就没有那么神奇了，而且也更贴近现实。

20世纪七八十年代的时候，很多人感慨发达国家体力劳动者的薪水高——都是做一样的体力活，连修水管的收入也能差五六倍。这多出来的溢价是怎么来的呢？其实就来自两点：第一，国内高水平的产业升级所带来的丰厚利润的溢出效应；第二，国界限制了其他国家国民的进入，也成了这种溢出效应的护城河。

从这个意义上来说，"世界工厂"是一个阶段而不是目的。英国、德国、美国和日本都曾经是"世界工厂"，但它们不断把自己低附加值的产业往外送。因为国界的存在，不同国家国民之间享受到的福利和待遇有了很大的区别，而每个国家的政治家们所要优先提高的也是本国国民的福利。在大多数情况下，这种提高就是来源于上面说的产业升级的溢出效应。而随着优势产业的不断扩大和劳动力的吸收，低附加值的产业会越来越多地被挤到外国，从而形成了国与国之间的"外"循环。这本身是一个产业调整的过程，就像蓝鲸吸水一样，通过不断地吞吐，把精华——也就是附加值高的产业——留在本国，而把其他的因为劳动力短缺、附加值低的产业推向离岸市场。

那么，中国到底是上面故事中的A国还是B国呢？其实兼而有之。如果把中国当作A国，也就是有低附加值的产业向外输送的国家，那么在输出受阻之后，就会朝着国内劳动力成本较低的区域，比如说中西部区域转移。从成本的角度来说，如果中西部不是企业的第一选择，而是因为外部形势的变化而做出的应变策略，那么这意味着企业成本提高，而成本提高意味着企业运营门槛和兼并可能性增加；这从产业层面来说，就会带来行业局部垄断的可能性，而这可能会对竞争环境造成负面的影响。

过去几十年，中国的经济发展一直是外向而粗犷的。因为海外巨大的市场容量和本土的劳动力优势，中国很多时候并不需要怎么挖掘潜力，就可以从海外大量获利。这当然是中国飞速发展的原因之一，但是这也导致了对内需，尤其是中西部地区的忽视。通过将一部分原计划迁到东南亚的工厂和设备投入到中西部，可以增加中西部消费者的消费能力，进而增加企业的动机去深耕当地的市场。所以从区域均衡发展的角度来说，虽然损失了一部分企业效率，但是让区域的发展更加均衡，从中长期来看，未必是一件坏事。

在区域经济学里面，有一个理论叫作"资源的诅咒"。比如，当一个地方的食物随便就能从树上采集到的话，人们往往就懒得去精耕细作了。这一点在贸易上也是一样的，因为之前外贸的利润太丰厚，所以很多提高效率、细分国内市场方面的工作就被忽视了。像有很多小城市的好产品，因此得不到机会走出去；而很多国外品牌却因为固有的印象，挤占了质量相当甚至更好的国内产品的市场空间。从这个意义上说，内循环会让一部分有潜力而没有机会的国内企业成长起来，也会倒逼很多企业开始深耕国内的市场，从而带动中西部的经济发展。

而如果把中国当作B国，也就是承接其他国家高附加值业务的制造端——这也是"世界工厂"称号的最初来源。发达国家对发展中国家的业务外包，往往也伴随着技术的交流和扩散。很多沿海的小企业，在过去的几十年内，也都是受益于这种扩散。如果这种交流和扩散变得缓慢甚至停滞了，那么对于中国自己的产业升级速度显然会产生影响。并且企业的研发成本将不得不应激性提升，以解决更多生产中的问题。从积极的方面说，这也可能会倒逼中国自主产权的研发，企业将不得不增加研发在总收入中的比例，以尽快补齐产业链中的缺口环节，提高产业链的自主性和独立性。

所以，在中国既是A国又是B国的情况下，需要权衡内循环引发的经济冲击：一方面是更有利于市场的精耕细作和刺激研发；另一方面则是企业成本的增加和进入门槛的提高，以及因此带来的市场集中和对小微企业的压力。而小微企业的活跃度往往决定着民间经济的活力和就业市场。所以，普遍提高国民收入，不拉大贫富差距，是内循环直接面临的问题。

结语

从长期来看，全球化依然是趋势。70亿人口世界级市场互通有无所产生的巨大收益，超过所有国家内循环的总和，这也是商业本身的意义所在。所以，内循环诚然是应对当前国际形势的应变之举，但也不妨将其看作一个契机，来整顿过去外向型经济所带来的粗犷之风，更好地修炼企业的"内功"。等到一切再次好转之后，中国就可以带着更规范化的市场和企业，继续进行全球化的产业布局和升级。

第二章
中国经济双循环的辩证关系

内循环和外循环其实并非新概念。本章内容选取工银国际首席经济学家程实和中国商业文明研究中心发起人、《第一财经》日报原总编辑秦朔的分析,在"全球一历史"大坐标下,系统分析双循环的演进路径、核心脉络、其本质及二者间的辩证关系。

中国经济双循环的核心脉络

程实:工银国际首席经济学家

> 把握中国经济双循环的核心脉络,有助于更准确地理解这一新格局的本质内涵、全局思路和战略定位。在"全球—历史"大坐标系下,无论是内循环还是外循环,均蕴含双维度的动态演进,由此衍生出"双循环×双演进"的四条主脉,共同构建起中国经济在新发展格局下的动态运行体系。基于这一体系,中国双循环不仅是全球百年变局下修复经济均衡的应对之策,更有望长远驱动内外经济均衡水平的跃升,成为从经济大国迈向经济强国的关键一步。

"大道至简,大音希声。"化繁为简地把握中国经济双循环的核心脉络,有助于更准确地理解这一新格局的本质内涵、全局思路和战略定位。我们认为，在"全球—历史"大坐标系下，无论是内循环还是外循环，均将蕴含双维度的动态演进。其一是循环的内部变动，指向了"行稳"目标。其二是循环的整体变迁，指向了"致远"目标。由此衍生出"双循环×双演进"的四条主脉，共同构建起中国经济在新发展格局下的动态运行体系（如图2-1所示）。基于这一体系，中国双循环不仅是全球百年变局下修复经济均衡的应对之策，更有望长远驱动内外经济均衡水平的跃升，成为从经济大国迈向经济强国的关键一步。伴随这一进程，指向"行稳"的主脉将引致"低β"，指向"致远"的主脉将强化"高α"，从而有望赋予中国经济金融以富含稀缺性的全球配置价值。

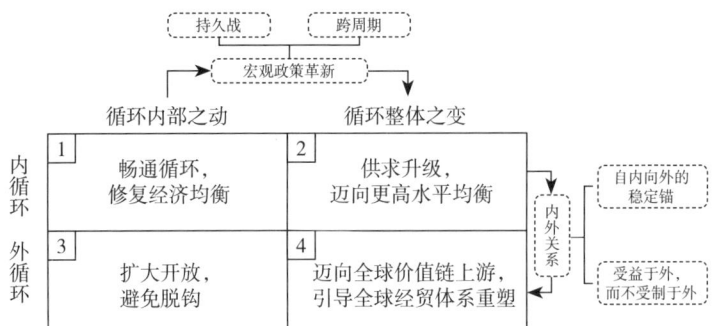

图2-1　中国经济"双循环×双演进"的四条主脉

资料来源：作者绘制

内循环的核心脉络

在"全球—历史"大坐标系之中,循环不是静止的,而是演进的;演进不是单维的,而是双维的。由此出发,在中国经济内循环之中,经济活动以及宏观政策预计将沿循两大主脉展开(如图2-2所示)。

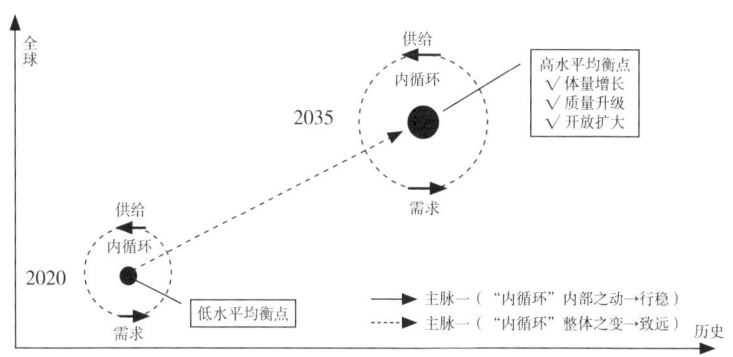

图2-2 中国经济"内循环"的核心脉络
资料来源:作者绘制

主脉一:畅通国内经济活动的自我循环,使经济锚定于均衡状态。值此全球百年一遇的大变局,外需产业链从中国经济循环的动力点变为阻力点,阻滞循环运转,进而导致经济偏离均衡状态。由此,内循环的首要功能在于以内需驱动取代外需驱动,从三个层面疏通国内经济的自我循环,使经济回归并锚定于均衡状态。一是通过出口转内销、调整产业结构、建设国内市场，打通供给与需求的良性循环，实现商品市场的均衡。二是通过呵护居民就业、强化社会保障体系，维护增长与民生的良性循环，实现劳动力市场的均衡。三是通过金融体系让利实体经济，打造经济与金融的良性循环，实现资本市场的均衡。在三方合力之下，内循环有望以经济均衡点为轴心加速运转，在动荡的全球局势下强化内生稳定性，进而实现"行稳"目标。

主脉二：推动国内供给需求双升级，使经济均衡迈向更高水平。从更长远的视角来看，基于中国供给侧和需求侧的双升级，内循环将发生整体性迁移，并呈现三个层面的演变。一是循环体量的增长，在坐标系中表现为循环面积的扩大，在现实中对应为全要素生产率的提升支撑较高的自然增长率。二是循环质量的优化，在坐标系中表现为经济均衡点的上移，在现实中对应为利用新一轮技术革命推进经济高质量发展。三是循环开放性的增强，表现为内循环外沿周长的拓展。对应于现实，内循环并不意味着"闭关自守"；相反，立足于内循环体量和质量的上台阶，中国经济更易于抵御外部冲击，从而更为主动、灵活、稳健地嵌入全球体系之中。

综合来看，这些演变将共同指向中国经济的"致远"目标。

为了支撑上述两大主脉，未来内循环中的宏观经济政策预计将凸显三大特征。其一，改革是核心抓手。不同于以往的扩大内需，未来政策预计不会频繁发力于需求侧的强刺激，而是更强调运用改革的方法打通经济运行的难点、堵点，破除机制桎梏和利益藩篱，在供需两端同步启动内循环的自我强化。其二，从"逆周期"走向"跨周期"。在持久战的长期视角下，经济治理的重心从周期性问题转向结构性问题，直达性、结构化、精准化的政策工具将获得更广泛的应用，通过惠及短板领域和基层民生，夯实经济穿越周期的长期动能。其三，加快数字化转型。数字经济对于供求双升级具有全局性的赋能作用。未来更多的支持性政策将致力于推动核心技术突破、数字经济产业化和传统产业数字化，同时中国版数字货币项目（DCEP）和数字财政管理将提速发展，实现经济治理能力的数字化升级。

外循环的核心脉络

与内循环相似，在"全球—历史"大坐标系之中，中国经济与外循环的联系同样蕴含双维的演进,并由此形成对外经济活动和政策应对的两大主脉(如图2-3所示)。

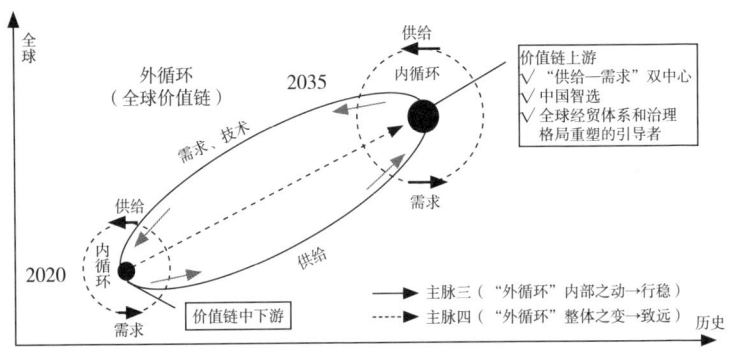

图2-3 中国经济外循环的核心脉络
资料来源:作者绘制

主脉三:通过进一步扩大开放,维护中国与全球价值链的多元联动。一方面,积极推动"一带一路"建设,在新赛道上加速人民币国际化,促使内循环与外循环的联系趋于多元化、坚韧化、灵活化,缓冲全球单边主义和保护主义的负面拖累;另一方面,立足于内循环的相对韧性,加速扩大高水平的对外开放,以亲诚惠容的理念与更多元的国际伙伴共享双赢机遇,以更为广泛的"朋友圈"应对单一节点上的大国优先主义冲击。由此,这一主脉将有助于规避脱钩风险,实现外循环的"行稳"目标,与主脉一形成内外呼应。

主脉四：迈向全球价值链上游，引导全球经贸体系重塑。从更广阔的全球视野来看，中国经济目前处于全球价值链的中下游，向内引入上游的需求和技术，向外提供中低附加值的生产供给。立足于内循环的整体升级，中国经济有望在全球百年大变局中化危为机，从三个层面主动改变在外循环中的定位。其一，从全球价值链中的供给中心，升级为"供给—需求"双中心。其二，从聚焦单一环节的"中国制造"，升级为覆盖研发科创、智能化制造、品牌营销等全环节的"中国智造"。其三，从全球经贸体系和治理格局的被动接受者，升级为全球经贸体系和治理格局重塑的主动引导者。总体而言，这些演变共同指向了"外循环"的致远目标，与主脉二形成内外呼应。

基于上述主脉的内外呼应，在以国内大循环为主体的前提下，国内国际双循环相互促进将集中体现于两个层面。其一，在内循环中实现补短板、锻长板、扩内需，将使中国经济受益于外循环而非受制于外循环，由此将打破外部技术、金融和贸易壁垒，更加高效地用好国际国内两个市场、两种资源。其二，凭借内循环的相对韧性，中国将为全球经济金融提供稀缺的"稳定锚",进而有望更加主动地参与全球价值链、经贸体系和治理格局的重塑、优化,从根本上规避脱钩风险、改善外部环境、防范外溢冲击。

中国双循环格局的内涵、定位与机遇

通过对双循环核心脉络的梳理,我们认为,从本质内涵来看,双循环格局是以高质量发展为根本出发点、主动适应全球百年大变局的中国经济发展新体系。从全局思路来看,这一体系对内以全面深化改革为根本手段,通过加快推动产业升级和消费升级,在供给侧和需求侧同步实现规模的扩张、结构的优化和质量的提升;对外以扩大开放为主要渠道,既提升中国在全球价值链中的地位,同时也主动参与全球治理、改善外部环境,实现中国经济与全球经济的共同发展。从战略定位来看,双循环格局是新时代的改革开放,是高质量发展的核心框架,是中国从经济大国迈向经济强国的关键一步。

从投资机遇来看,未来随着四大主脉的逐步贯通,中国经济双循环格局亦将深刻改变全球市场。展望未来,指向"行稳"的两条主脉料将引致"低β",指向"致远"的两条主脉料将强化"高α"。两者叠加之下,人民币资产将进一步凸显"高α+低β"属性,即在提供超额收益率的同时,保持与全球其他资产波动的低相关性。由此,中国经济金融将在全球视角下呈现富含稀缺性的配置价值,有望吸引国际资本的长趋势流入。

重塑经济优势

外题内解：双循环筑基高水平开放

程实：工银国际首席经济学家

> 面对全球化的历史性困局，中国双循环并非走向闭关自守，而是选择通过向内发力，为高水平开放打开向外空间。以双循环为基础，中国经济高质量发展、高水平开放与新一轮全球化浪潮有望相互促进，共同拉动全球经贸体系走出历史性困局。

"岭深常得蛟龙在，梧高自有凤凰来。"面对全球化的历史性困局，中国双循环并非走向闭关自守，而是选择通过向内发力，为高水平开放打开向外空间。一方面，基于内循环的高质量发展，中国料将与全球经济缔结新的利益纽带，强化外循环中双向开放的动力；另一方面，内循环的产业升级预计将推动亚洲区域经济一体化，为中国经济融入全球体系打造新的战略支点，优化外循环中国际分工的路径。得益于此，中国经济有望在全球复苏中发挥更加稳定而积极的作用，并以区域化的加速发展引领全球化的新变革。以双循环为基础，中国经济高质量发展、高水平开放与新一轮全球化浪潮有望相互促进，共同拉动全球经贸体系走出历史性困局。

双循环奠定高水平开放的新基础

当前全球化浪潮所陷入的困局，看似是由特朗普政府政策转向、新冠疫情冲击等一系列"黑天鹅"引致的意外之变，实则是历史因素层层累积后的必然之果。从全球来看，过去数十年，部分发达国家在获取全球化红利的同时，未能处理好内部的红利分配问题，导致贫富差距和社会矛盾不断扩大，推动内部民粹主义、外部保护主义的双重涨潮，进而从全球化的领导者转向"退群者"，全球化体系亟待新一轮重构。从中国来看，一方面，改革开放40余年间，中国向全球分享自身的人口红利、资源红利，为世界经济增长做出重要贡献；但是另一方面，要素驱动型的粗放式增长已经难以持续，较低水平的对外开放边际效益递减。中国对外开放亟待走向更高水平，以新方式满足自身高质量发展需求，并对全球经济产生可持续的正向外溢。站在国内外历史性变革的交会点上，中国经济走向更高水平开放，一方面需要跳出过去的思维窠臼，在非常时期采取非常手段；另一方面，不能就"开放"论"开放"，而是要寻求更为基础性、全局性的解题思路。

针对上述形势，双循环新格局有望为高水平开放构建"外题内解"的解题路径。展望未来，阻碍中国开放的桎梏主要在外部。一是意愿问题，即在逆全球化思潮泛滥之际，如何让全球经济愿意更加深度地接纳中国。二是方式问题，即在原有经贸体系破碎之时，如何让全球经济更有效地接纳中国。针对上述问题，双循环通过向内发力，实现向外突破。一方面，以中国经济的高质量发展，与全球体系缔结新纽带；另一方面，以自身产业升级加速区域一体化，以此构建融入全球化的新支点。中国双循环新格局，虽然以内循环为主，但并不是闭关自守，而是由内而外地拓展高水平开放的新空间。基于双循环产生的新纽带和新支点,中国高质量发展、高水平对外开放、全球产业链升级、区域化和新一轮全球化有望形成相互促进的良性系统,成为全球经贸体系和治理格局走出历史困局的关键引擎。

双循环缔结中国与全球体系的新纽带

"国家利益是国际社会最现实的普世价值"[①],更是全球体系进一步深度接纳中国的根本动力。从利益维度出发,双循环将在两个方面缔结中国与全球体系的新纽带,跨越当前全球化所遭遇的深层阻碍:

第一,为全球经济金融提供"稳定锚"。维持全球经济稳定是开启新一轮全球化的前提条件,否则各经济体将在贸易壁垒、竞争性贬值、地缘政治冲突中陷入存量博弈的泥沼。从规模来看,根据IMF工作论文测算[②],中国经济增长率每下降1百分点,短期内全球的经济增长率将下降0.23个百分

---

① 张红力,周月秋,程实,等. 金融与国家安全[M]. 北京:中国金融出版社,2015.
② Cashin P, Mohaddes K, Raissi M. China's slowdown and global financial market volatility: Is world growth losing out?[R]. IMF Working Paper, 2016.

点。从结构来看,无论是对于传统贸易、简单全球价值链贸易还是复杂全球价值链贸易,中国均已与美国、德国携手成为全球性的三大枢纽[①](如图2-4所示)。

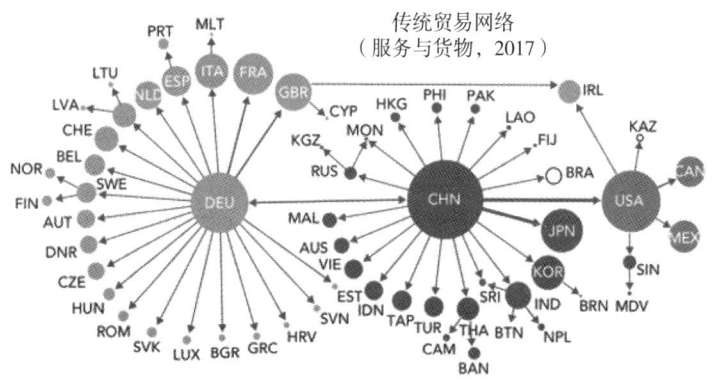

传统贸易网络
(服务与货物,2017)

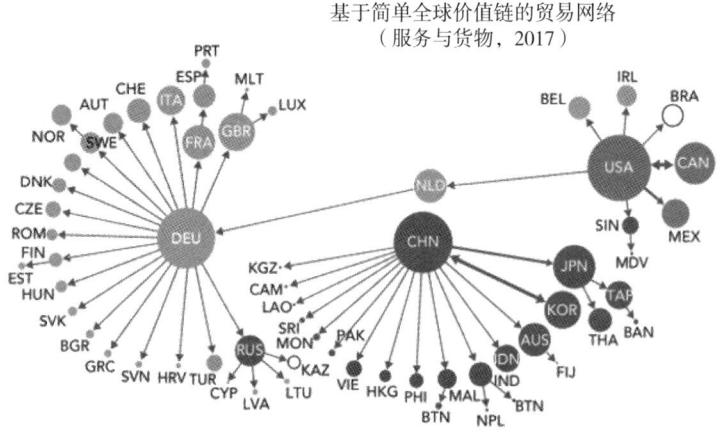

基于简单全球价值链的贸易网络
(服务与货物,2017)

---

① Xin Li, Bo Meng, Zhi Wang. Recent patterns of global production and GVC participation[R]. Global Value Chain Development Report 2019.

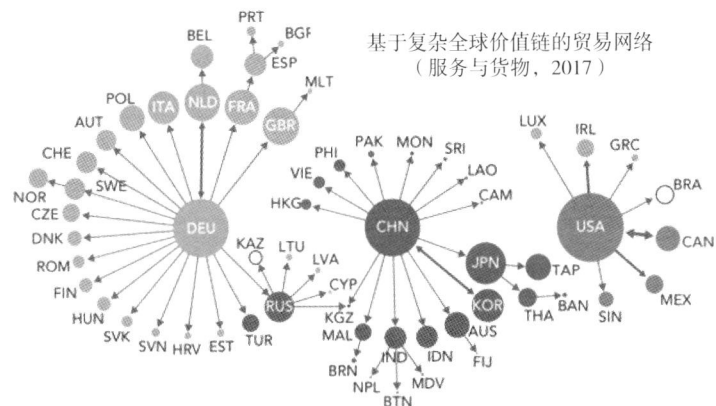

图2-4 美国、德国和中国构成当前全球价值链的核心枢纽

资料来源： Meng et al. (2018), ADB 2018 ICIO table

注：传统贸易指直接用于消费的出口，简单全球价值链指涉及一次跨境生产，复杂全球价值链指涉及至少两次跨境生产。圆圈大小表示获得附加值的大小，箭头的粗细表示两个国家之间的依赖程度。

存在箭头的情况：1. 如果 A 国是 B 国进口附加值占比最大的国家，箭头由 A 国指向 B 国。2. 如果 A 国在 B 国进口附加值中占比超过 25%，箭头由 A 国指向 B 国。

因此，中国经济在全球经济中具有系统重要性地位。在全球经济面临深度衰退的背景下，中国经济借助内循环深挖内需潜力、强化内生增长，也意味着中国能够通过外循环为全球提供更多的稳定性资源，以支撑世界经济稳步复苏。基于此，在金融层面，国际资本料将长趋势流入中国，在分享中国机遇的同时，亦加速中国经济的高质量发展。在经济层面，更多的经济体有望通过"一带一路"建设、人民币国际化、自贸港和自贸区等渠道，在锚定于中国市场和产业链的同时，也将加快中国对外国际产能合作。由此，"稳定锚"将拓展为良性循环的"稳定网"，在稳定中实现更高水平的双向开放。

第二，为全球价值链升级提供"推进器"。据世界知识产权组织（WIPO）和风险投资数据公司CB Insights的数据，当前中国已具有全球第一多的年度国际专利申请量，第二多的"全球百强"科创集群，第二多的新经济"独角兽"数量。在此基础上，通过内循环进行针对性地补短板、锻长板，中国经济有望抓住新一轮科技革命的历史机遇，加速产业升级，迈向全球价值链上游，同时也将撬动全球价值链升级。一方面，利用全球价值链中的枢纽地位，中国产业升级将加速科技创新的全球扩散，提升全球价值链生产效率，从根本上提振全球经济动能、打破存量博弈。另一方面，中国数字经济的较快发展也将推动全球价值链的数字化转型，并由此打开国际合作分工的新渠道，加快形成基于新一代技术革命的新全球化时代。这有助于抵减疫情下传统全球化渠道的衰减，促使更多国家和人群共享全球化机遇，抑制因机遇分配不均而产生的逆全球化浪潮。例如，根据世界银行研究，作为传统经济代表，沃尔玛通过27年的全球化进程，在28个国家设立了1171家分店；作为数字经济代表，阿里巴巴在8年的全球化进程之后，已覆盖220个国家的900万商户，其全球化效率远胜于传统经济，更广泛地实现了全球化的机遇共享。

双循环构建中国融入全球化的新支点

越过当前的深层阻碍之后，未来新一轮全球化并不是上一轮的简单重复，而将呈现截然不同的新结构。上一轮全球化中，在需求侧，美国是唯一的全球性需求枢纽；在供给侧，全球产业间贸易和产业内贸易均呈散点状分布。由此，形成了以美国为中心、全球化领先于区域化的经济一体化格局，直观反映为"世界是平的"。但是，这一格局正在发生历史性变革。在需求侧，美国优先主义削弱了美国作为全球性需求枢纽的地位，而中国等其他经济体作为区域性需求枢纽的地位正在增强。在供给侧，以美国、德国、中国为各自

重塑经济优势

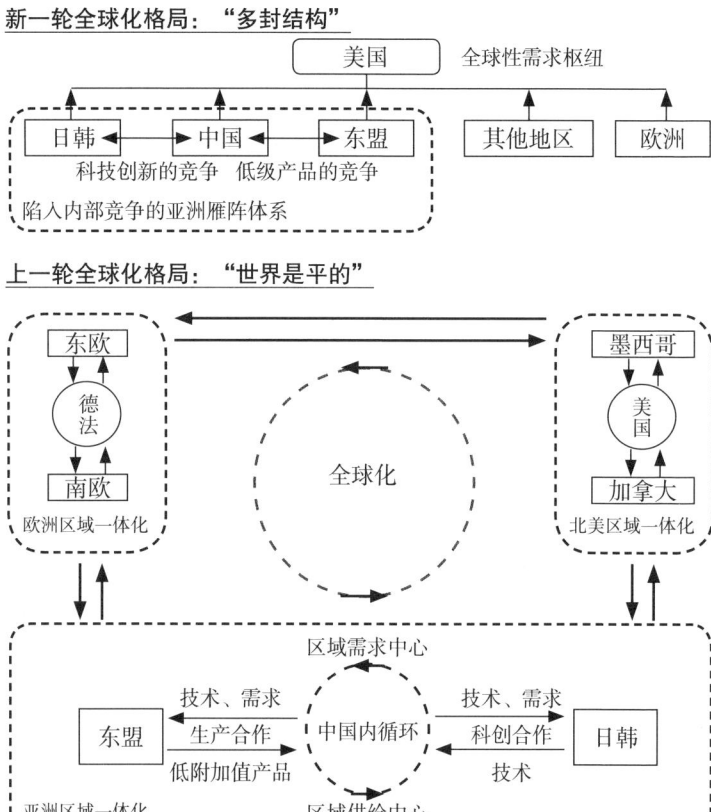

图2-5 中国双循环与新一轮全球化

资料来源：作者绘制

中心，"北美工厂""欧洲工厂""亚洲工厂"形成鼎立之势，产业内分工的区域集聚成为大势所趋。由此，在未来新一轮全球化中，世界不再是平的，而是转向"多峰结构"，由多个区域化共同体构成，形成一个产业内贸易区域化、产业间贸易全球化的嵌套体系。区域经济一体化的发展将领先全球化，进而成为全球化体系的支柱（如图2-5所示）。

顺应这一历史趋势，目前北美、欧洲已经加快了区域化建设。其中，美国宣布退出《跨太平洋伙伴关系协定》（TPP），转而签订美墨加免关税新协定。欧盟则抓住疫情之变，利用欧盟复苏基金，进一步加强内部团结。对此，亚洲区域化作为未来全球化体系的三大支柱之一，面临着不进则退的巨大挑战。当前的中国在需求侧已成为接近美国的全球第二大单一市场，在供给侧具有独特的完整产业链优势，并位居亚洲价值链体系的唯一枢纽，已经成为事实上的亚洲"供给—需求"双中心。因此，中国的选择不仅关系到自身的开放，更关系到区域化与全球化的未来。

从这一视角出发，中国双循环的建设有望助力亚洲形成"双环+双链"的区域化结构，并由此支撑新一轮全球化的稳步发展。所谓"双环"，一方面，是以中国经济内循环为依托，通过激活中国海量的内需市场，为区域经济提供持续而充沛的需求增量。另一方面，是以中国经济外循环为线索，进一步优化本区域的产业内分工,提升区域产业竞争力。具体而言,这一区域内的外循环主要由两个核心链条构成。第一,"中国—东盟"链条。在原来以美国为中心、"扁平式"的全球分工体系下,中国与东盟在资源密集型产品、劳动密集型产品等低附加值领域存在竞争关系。因此,虽然中国与东盟已经互为第一大贸易伙伴,但是经济合作仍有待深入。未来,随着中国迈向全球价值链上游,中国与东盟在产业内分工的关系有望加速由竞争转向合作。中国向东盟提供关键技术、零件、设备以及市场需求,由此东盟将得以充分发挥其资源、劳动力等要素禀赋,在下游环节形成规模生产优势。从政策机制来看,未来《区域全面经济伙伴关系协定》(RCEP)的签订有望加速这一链条的形成。第二,"中国—日韩"链条。中国经济的转型升级将对日本、韩国的高新技术产业形成强劲的新需求。基于此,如果中国经济能够通过内循环补上短板、锻造长板,则将削弱外部技术壁垒的威胁性,从而与日本、韩国依据各自的优势领域,融合成各有所长、相互补充的区域科创共同体,并在更大范围内形成"基础研究—科技转化—商业应用"的良性循环,共同扩大在全球价值链上游的竞争优势。从政策机制来看,未来《中日韩自由贸易协定》(FTA)若能提速落地,则将促进这一链条的形成。

双循环的演进之路：2020与1913

程实：工银国际首席经济学家

> 全球局势剧变之中，2020年中国经济开始迈向双循环新格局。从历史进程、全球环境和发展目标来看，这一变革与1913年前后美国经济的双循环演进形成跨越时空的呼应，共同指向了大国经济发展和全球格局迭代的一般性规律。对标中国现实，虽然全球局势波澜难止，但是基于扎实全面的"潜力清单"，中国经济的双循环预计将稳步兑现富有活力的长期前景。

"历史不会简单重复，但会押着同样的韵脚。"全球局势剧变之中，2020年中国经济开始迈向双循环新格局。从历史进程、全球环境和发展目标来看，这一变革与1913年前后美国经济的双循环演进形成跨越时空的呼应，共同指向了大国经济发展和全球格局迭代的一般性规律，进而赋予了历史经验以现实性的启示意义。回顾美国经验，我们发现，双循环演进的深层逻辑在于：以产业升级为先导，辅之以大规模创造消费新场景的投资，进而激活消费升级，在供需两端同步启动内循环的自我强化，最后再以内循环去重塑外循环。对标中国现实，在这一逻辑的各个关键节点上，2020年的中国都具备可观的潜力。未来打通这些"潜力点"的进程，即是中国经济双循环的质变之途。由此前瞻，虽然全球局势波澜难止，但是基于扎实全面的"潜力清单"，中国经济的双循环预计将稳步兑现富有活力的长期前景。

历史的先声：美国经济双循环的演进

在2020年6月的"陆家嘴论坛"上，国务院副总理刘鹤指出："一个以国内循环为主、国际国内互促的双循环发展的新格局正在形成。"回顾历史，在近一个世纪前的太平洋彼岸，美国经济的双循环恰也迎来了新一轮演变，并构成从新兴大国迈向一流强国的关键一跃。具体而言，19世纪至今，美国经济双循环的演进大致可以分为三个阶段（如图2-6所示）。

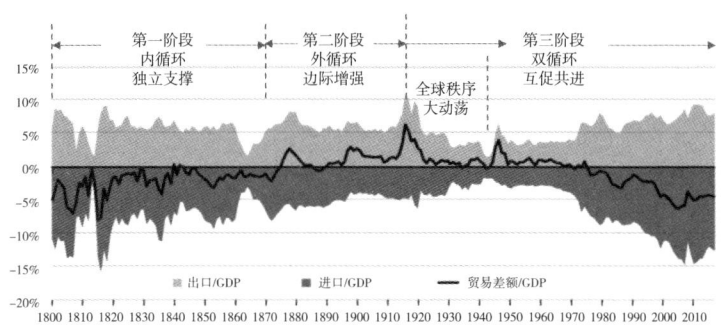

图2-6　美国"双循环"演进的三个阶段

资料来源：Fed以及作者绘制

第一阶段（1800~1870年）：内循环独立支撑。这一阶段的美国经济以农业为主，对外出口廉价的原材料，进口昂贵的工业制品。由此，贸易赤字成为常态，外循环拖累经济增长，内循环被动成为唯一引擎。

第二阶段（1870~1913年）：外循环边际增强。伴随第二次工业革命浪潮，美国完成工业化，工业制品在国际市场占据优势并形成贸易盈余，外循环对经济的拉动作用凸显，这一趋势在1913年左右达到历史顶峰。

第三阶段（1913年至今）：双循环互促共进。1913年后,"一战""大萧条""二战"等历史拐点相继发生,彻底重塑全球经济贸易格局。在新格局下,美国双循环的关系再度演进。表面上看,内循环进一步占据主导,强劲的内需造成长期货物贸易赤字,使得外循环看似拖累了经济的纸面增长。但实际上,借助于稳健的内循环,美国经济在外循环中主动引领全球化进程、重塑全球体系、布局海外投资、发展服务贸易,大幅提升了外循环对美国居民收入的真实贡献。根据学术研究①,2007年这一贡献值约为1913年水平的2.1倍。这一阶段,美国经济受益于外循环,而不受制于外循环,形成了美国版的以国内循环为主、国际国内互促格局。

历史的押韵:2020与1913

从双循环的演进阶段来看,2020年的中国与1913年前后的美国高度相似。诸多相似点的背后是大国经济发展的一般逻辑,以及全球格局迭代的周期规律。基于此,较之于他国,1913年美国的历史经验对于今日中国的双循环建设更加

---

① Federico G, Tena-Junguito A. A tale of two globalizations: gains from trade and openness 1800−2010[J]. Review of World Economics, 2017, 153(3): 601−626.

具有启示意义。

其一，自身进程相似。美国双循环演进的第二阶段开始于1870年，于第25年（1894年）实现工业产值的全球第一，于第44年（1913年）进入第三阶段。对于中国而言，如果将改革开放前的时期粗略算作第一阶段，那么第二阶段发轫于1979年，于第32年（2010年）实现工业产值的全球第一，于第42年（2020年）开始准备进入第三阶段。相似的历史时间表，潜藏着新技术发展、国内市场发育、产业新旧切换的长周期共振，既赋予了大国抢抓变革机遇的能力，也产生了承弊通变、时不我待的压力。由此来看，未来的5年将是决定中国双循环能否平稳开启第三阶段的关键期。

其二，全球环境相似。以1913年为分水岭，"一战""大萧条""二战"接踵而至，根本性地颠覆了全球旧格局。在漫长的全球乱局之中，美国经济虽然一度遭到外部环境的严重拖累，但是凭借本土产业链和市场的相对稳定，最终实现了逆流而上。2020年，全球疫情危机暴发并料将长期延续，保护主义、大国优先主义和民粹势力加速涨潮，持续激化地缘政治冲突，全球经济贸易格局已迎来新一轮重塑。中国经济目前面临多方面的外部压力，但是基于自身综合实力以及疫情防控的领先优势，有望长期保持内部产业链和市场的相对韧性，因此未来存在化危为机的长期潜力。

其三，发展目标相似。从中国政策的全局来看，未来双循环中的以国内循环为主、国际国内互促，需要从三个层面理解。其一，以内循环为主不等于对外脱钩；相反，高水平的对外开放将会加速扩大，中国将以亲诚惠容的理念与更多元的国际伙伴共享双赢机遇。其二，内循环的发展壮大有助于抵减全球乱局下的外部冲击，基于此，中国经济在外循环中将更为灵活、主动，受惠于外而不受制于外。其三，立足于内循环，中国将为全球经济金融提供稀缺的"稳定锚"，并更加积极地参与全球价值链条、全球治理格局的重塑、优化。这些发展目标，与美国双循环的第三阶段具有相似性。

历史的启示：双循环演进的深层逻辑

历史经验的镜鉴，不局限于表面的相似类比，还需深入到底层的逻辑规律。1913年前后，美国双循环之所以能够完成从第二阶段向第三阶段的飞跃，关键是长期聚力并以合理次序推动了"双升级":以产业升级为先导,辅之以方向准确的投资,进而激活消费升级,在供需两端启动内循环的自我强化,最后再以内循环去重塑外循环。

第一,产业升级。我们认为,产业升级这一庞杂的概念,最终可以归结为两大核心问题:第一,生产什么;第二,如何生产。从这两个维度来看,1913年前后,美国产业体系完成了双重质变。其一,优势产品高附加值化。19世纪,美国在全球产业体系下的比较优势长期停留于低附加值的原材料。但是,依托第二次工业革命的技术进步,1900~1913年美国在全球工业制品领域(当时的高附加值领域)占据了新优势,其工业制品的出口逐步超出原材料出口以及工业制品的进口[1][2],显著提升了附加值视角下的贸易盈余(如图2-7所示),使美国升至全球价值链的头部。其二,生产方式现代化。为了最大化发挥技术进步的红利,这一阶段美国的生产组织形式发生了软、硬层面的同步进化。从硬件方

---

[1] Brian Reinbold, Yi Wen. How Industrialization Shaped America's Trade Balance [R]. Federal Reserve Bank of St. Louis, 2020.
[2] Irwin D A. Explaining America's surge in manufactured exports, 1880−1913[J]. Review of Economics and Statistics, 2003, 85(2): 364−376.

面,从劳动密集型向资本密集型(当时的先进业态)加速转变,1900~1910年出口产品的资本/劳动比率较1890年大幅提升①。从软件方面看,"福特制""泰勒制"和流水线迅速普及,以大规模生产的方式扩大了美国在高附加值领域的产业优势。以汽车(当时的尖端产品)为例②,1899年美国汽车年产量仅2500辆,而到了1913年,年产量升至48.5万辆,约占全球产量的80%。

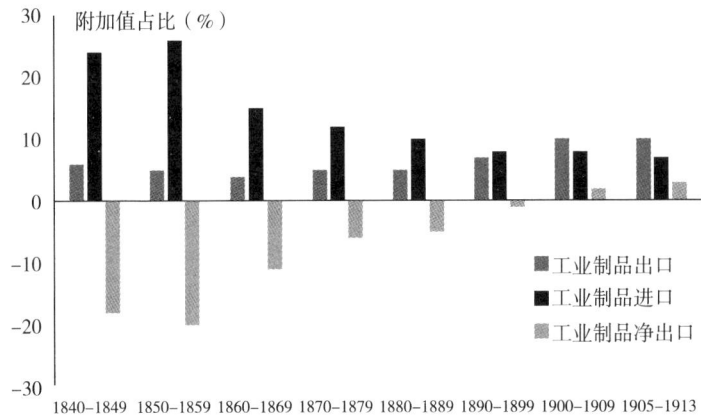

图2-7　1900-1913年美国工业在全球价值链条中的地位上升
资料来源:Kravis I B(1972)以及作者整理

---

① Hutchinson W K. Explaining United States International Trade, 1870−1910[J]. Vanderbilt University Department of Economics Working Paper, 2002.
② Automobile History [R]. A&E Television Networks, 2010.

第二，消费升级。产业升级为消费升级奠定了两大基础。一方面，得益于生产效率的提升，美国人均GDP在1900~1913年期间升至全球第一梯队，并且其优势在此后长期扩大（如图2-8所示）。另一方面，得益于大规模生产，居民能够以相对低廉的价格享受汽车等高附加值商品。"高薪低价"的剪刀差，从根本上夯实了居民的消费能力。但是，收入不是决定居民消费的唯一因素，还需要适宜的消费场景和消费习惯作为催化剂，系统性地提升居民消费倾向。这一

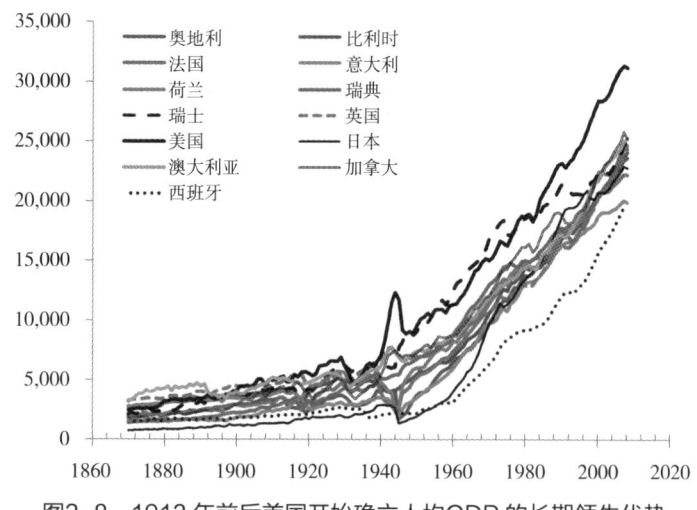

图2-8 1913年前后美国开始确立人均GDP的长期领先优势

注：坐标纵轴单位为美元（2011年购买力）

资料来源：Kitov I, Kitov O（2012）

阶段，两种投资恰好填补了这一短板，以网络化的方式迅速普及了新的消费场景。从动态网络来看，美国公路网日趋扩大，对接了汽车的普及，串联起外出旅游、娱乐等新兴的消费需求。从静态网络看，美国城镇化继续较快推进，对接了居民收入的增长，并将其转化为居民追求更高生活品质的消费需求。以投资为启动器，内循环的消费引擎开始加速。从数量来看，美国经济于20世纪20年代进入"柯立芝繁荣[①]"和大众消费时代。从结构来看，1901年至"大萧条"前夕，食品、服饰两大基本消费的占比持续下滑，而娱乐、出行、住房的消费占比呈现长趋势扩大，是大众消费边际增长的主力。这也验证了"汽车—公路"网络、城镇化网络对消费引擎的激活作用。由此，内循环供需两端的良性互动形成，并支撑美国穿越了接下来漫长的外循环冲击。

历史的接力：2020年中国的"潜力清单"

通过逐层对标美国双循环迈入第三阶段的核心逻辑（如

[①] 第一次世界大战后，美国的经济得到了飞速的发展。这一时期，恰巧在总统柯立芝任期之内，所以美国这一时期的经济繁荣又被称为"柯立芝繁荣"。

图 2-9 所示），我们发现，在各个关键节点上，2020 年的中国都具备着可观的潜力，而打通这些潜力点的进程，即是中国双循环的质变之途。基于此，虽然未来全球格局将充满不确定性，潜力向实力的转化仍需时间，但是从中长期来看，我们对中国经济的前景保持谨慎、乐观的态度。

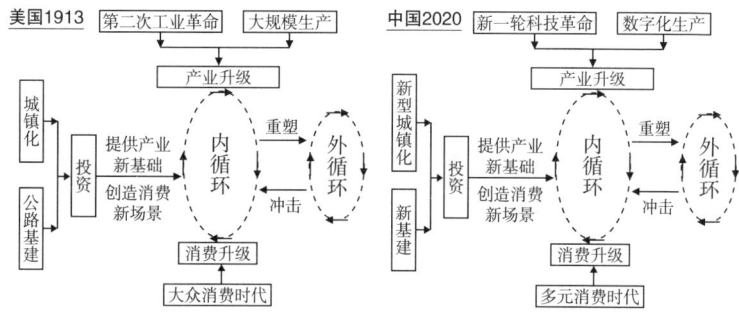

图 2-9　"双循环"的历史押韵：中国 2020 与美国 1913
资料来源：作者绘制

第一，产业升级的潜力。其一，优势产品迈向高附加值。近年来，随着高新技术产业的较快发展，中国高附加值产品的出口比例稳步增长，国际专利申请量超越美国成为全球第一。疫情暴发后，中国高新技术产品出口保持稳健，反映出其坚韧的比较优势。展望未来，若能继续抓牢新一轮科技革命的历史机遇，减弱核心技术对外循环的过度依赖，则将为上述趋势注入长远动力。对此，着力打通国内"基础研究—科技转化—商业应用"的创新体系，将是本阶段的关键。其二，生产方式再进化。1913年美国从软硬两个方面，以大规模生产开启了大众消费时代。相似的是，与多元消费时代相适应，当前的中国也有望孕育出新一代生产方式——数字化生产，同时具有大规模生产、创新力和精细化的三重优势。立足于中国完备的产业链条，通过工业互联网对供给侧进行数字化改造，并与高度数字化的居民生活相连接，将实现：1. 为科技企业提供低成本、高效率的量产能力，使其科技成果迅速转化为经济效应，进而支持新一轮创新；2. 支持生产进程中灵活、精确的动态调整，缩短产品迭代周期，加快新供给对新需求的拉动，并减弱全球供应链波动的冲击；3. 消解供求两端的信息不对称，消费者订单能够被拆分后直达生产体系的终端，由此规模化生产能够深入小众化、多元化的细分市场，在提升消费者福利的同时，降低生产者的市场风险。展望未来，为了加速向数字化生产的转型，进一步降低实体经济融资成本和税费负担，推进"放管服"改革，建设高标准市场体系，将是核心的着力点。

第二，消费升级的潜力。得益于有效的疫情防控，中国经济在疫情时代率先企稳反弹，由此居民收入的增速在短期波动之后，有望在全球视角下保持长期优势。未来若能进一步促进收入分配公平、提高社会保障水平，则将持续夯实居民消费能力。立足于此，从美国经验看，还需要以方向适宜的投资创造消费新场景，网络化地推广消费新行为和新需求。当前，有三张"网"可以作为中国经济启动消费引擎的抓手。第一，新型交通网络。以城际高铁、轨道交通和新能源汽车为依托，进一步提高城市群之间的交通效率，从而串联起跨城市的旅游、娱乐和商贸等服务消费新需求；并承接疫情时代服务贸易进口需求回流的新机遇。第二，新一代移动网络。以5G、大数据中心为基础，一方面凭借更高效的网络激活在线娱乐、远程办公等新的虚拟消费需求；另一方面则以"线上"赋能"线下"的方式，推动消费重心下沉，释放低线城市和农村地区的消费升级活力。第三，新型城镇化网络。2019年中国城镇人口占比约为60%，接近于1913年美国城镇化水平（约55%）。美国1913年之后的经验显示，即使在沉重的外部冲击之下，依托于庞大的人口基数，城镇化在60%提升至75%的过程中仍能保持较快的速度。由此，如果中国的新型城镇化稳步推进，则大量新增城市居民在教育、工作、医疗、文娱等领域的高品质需求将汇聚成强劲的国内市场增量。展望未来，若要充分发挥上述三张"网"对消费的启动作用，关键在于加快完善要素市场化配置体制机制。其中，金融体系改革、农村土地制度改革以及户籍制度改革，将是分别打开资本、土地、劳动力三大要素桎梏的先锋。

内外双循环打造升维竞争力

程实：工银国际首席经济学家

> 2020年两会以来，"逐步形成以国内大循环为主体、国内国际双循环相互促进的新发展格局"是市场热议的中国宏观政策焦点。在疫情外生冲击和逆全球化结构性压力叠加的大背景下，构建双循环正在成为中国打造升维竞争力的重要举措。

"纷郁郁其远承兮，满内而外扬。"两会以来，"逐步形成以国内大循环为主体、国内国际双循环相互促进的新发展格局"是市场热议的中国宏观政策焦点。我们认为，在疫情外生冲击和逆全球化结构性压力叠加的大背景下，抱残守缺或故步自封无助于破解存量博弈的陷阱，构建双循环正在成为中国打造升维竞争力的重要举措：其一，双循环的核心在于依托经济规模和政策空间盘活存量、创造增量，完善内部循环、带动外部循环；其二，双循环以民生和实体为先，随着全球贸易格局重构和价值链体系再造，内生消费和产业升级有望形成闭环，形成稀缺的增长动力；其三，双循环的互动基础仍是改革开放，通过制度创新推动关键领域改革将促进要素自由流动、提升资源配置效率，助力双循环对接，充分释放鲶鱼效应和财富效应。

全球服务贸易格局重构，内生消费力成为经济复苏基石。2020年以来，疫情的外生冲击和逆全球化结构性压力叠加，全球贸易在低位继续坠落，其中受人员往来被动停滞、社交隔离等措施影响，服务贸易更是面临全面挑战。在此背景下，以服务贸易逆差收缩为先导、以内生潜在需求为依托的"内卷式"消费回流有望成为中国经济的新亮点。从体量看，仅以旅游服务为例，作为全球最大的国际旅游输出国，若中国旅游服务逆差能够转化为内需，则有望每年多贡献约1.15万亿产值，直接创造约490万个就业岗位。从趋势看，新冠疫情发生后全球经济正面临"大萧条"以来首次新兴市场和发达经济体全面衰退的极端情形，考虑到疫情二次暴发的灰犀牛风险将继续抑制经济复苏的速度和幅度，稳健的内需已经成为全球稀缺的增长动力（如图2-10所示）。相对而言，第二季度中国经济同比增速达3.2%，相对较快结束疫情冲击下的探底，且投资、消费两大内需引擎积极向好，有望成为整体疲弱的全球总需求中为数不多的亮点。从条件看，今年以来免税政策的出台、线上服务的兴起有助于内循环的供需发现和精准匹配，其中海南免税港规划落地速度超预期，2020年上半年，海南离岛免税品零售额85.72亿元，同比增长30.7%，其中6月份零售额22.99亿元，同比增长235%。

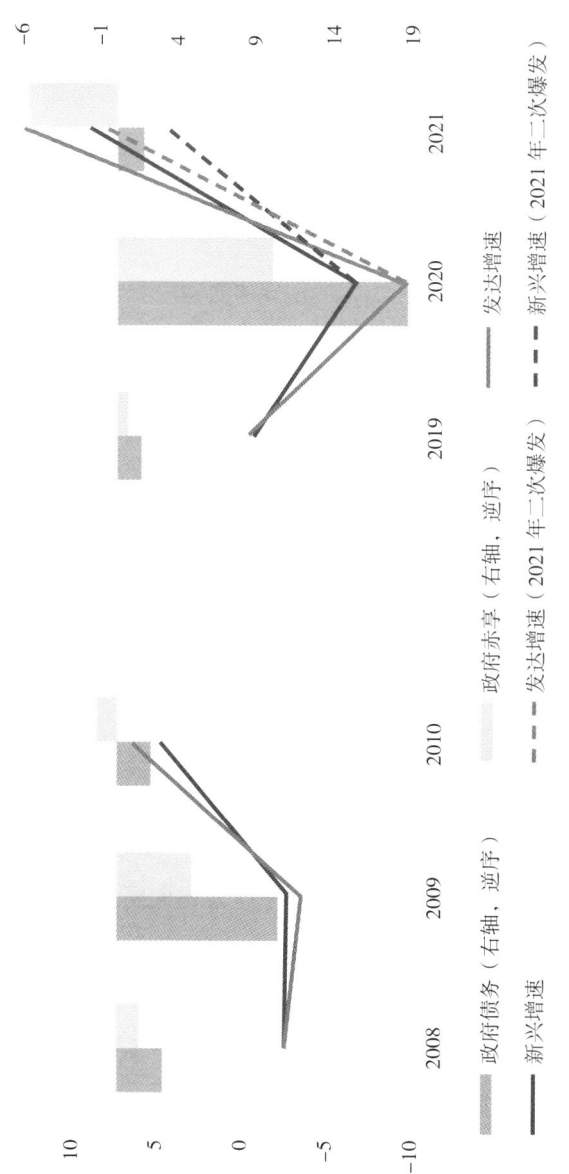

图2-10 全球政府债务和总体财政平衡的变化

资料来源：IMF和我们的计算，图中数值为变化量

产业升级加快国产替代，要素自由流动催生供给侧变革。7月21日，习近平主席在企业家座谈会上指出，要提升产业链、供应链现代化水平，大力推动科技创新，加快关键核心技术攻关，打造未来发展新优势。回顾2020年政府工作报告，产业升级的重心集中于以下两个方面：一是增强发展新动能，重点支持既促消费民生又调结构增后劲的"两新一重"建设，其中新基建作为两新之首，包括信息基础设施、融合基础设施、创新基础设施三大内容；二是强调提高科技创新支撑能力和深入推进大众创业、万众创新，稳定支持基础研究和应用基础研究，尤其在半导体等底层技术领域自主可控成为技术攻关的重点。2020年4月和5月，《关于构建更加完善的要素市场化配置体制机制的意见》和《关于新时代加快完善社会主义市场经济体制的意见》发布，前者首次将数据与土地、劳动力、资本、技术并列为五大要素，进一步强调充分发挥市场配置资源决定性作用，后者明确了通过制度创新推动关键领域改革的举措，尤其是提出要在国有企业、垄断行业等重要领域推出一批"牵一发动全身"的改革举措，旨在最大限度减少政府对市场资源的直接配置和对微观经济活动的直接干预。我们认为,产业升级和要素流动是打通内循环的关键抓手,这两份纲领性文件的出台为推动供给侧变革、打造双循环新格局奠定了制度基础。

金融改革助力减速增质,激活金融市场助力双循环对接。近年来,中国金融开放蹄疾步稳,外资金融机构数目提升、股权占比不断增加,也对内部金融改革带来了积极的"鲶鱼效应"。适应于中国经济由高速增长向高质量发展阶段转变的实际,金融改革开放既作为其中一环不断深化,也回归本源强调与实体经济和中小企业形成良性互动,并通过激活金融市场推动资源有效配置、保障居民分享经济发展红利。间接融资方面,新的贷款市场报价利率(LPR)的报价机制打破了贷款利率的隐形下限,随着利率市场化的继续推进净息差将继续收窄;政府工作报告提出大型商业银行普惠型小微企业贷款增速要高于40%,国务院常务会议也提出全年金融系要向企业让利1.5万亿的具体要求。通过合理让利,金融机构与实体企业有望构建长期良性的共荣共生关系。直接融资方面,资本市场在改革和开放的双重影响下迎来跨越式发展,不仅投资者结构不断优化、保险等长线资金配置约束松绑，以注册制改革为核心配合多元退市机制也将更多金融资源导向实体经济的高效率领域；借助科创板的机制创新和优质中概股回归机遇，在岸和离岸市场正通过良性互动打造中国资产核心标的；近期银行间与交易所债券市场还开展互联互通合作，迈向统一市场和统一价格不仅为货币政策有效传导奠定了坚实基础，也有望通过便利跨市场交易吸引更多投资者。

全面开放整合两个市场，内外循环互动构筑升维竞争力。当前，全球经济存量博弈的重要特征即在于制造业相对需求不足，而经济总量增长所掩盖的分配失衡也导致了长期潜在产出下滑、社会结构畸形、地缘政治动荡，尤其表现为民粹主义、孤岛主义、保护主义抬头。在升维竞争的将来，一方面，服务业的高质量发展及其与制造业的有机结合将通过吸纳就业、创造需求成为新的竞争高地，进而缓解制造业的拥堵；另一方面，开放、包容的制度环境，高效、透明的治理体系，将构建经济体新的核心竞争力，成为当下所稀缺的稳定性的重要来源。我们认为，抱残守缺或故步自封无助于破解存量博弈的陷阱，明确提出和强化双循环用意在于凭借超大规模市场优势和政策空间相对优势盘活存量、创造增量，完善内部循环，带动外部循环（如图2-11所示）。正如习近平主席在企业家座谈会上所强调，以国内大循环为主体，绝不是关起门来封闭运行，而是通过发挥内需潜力，使国内市场和国际市场更好地联通，更好地利用国际国内两个市场、两种资源，实现更加强劲可持续的发展。在此背景下，全面开放的意义事实上更为重大：一方面，随着中国跨越中等收入门槛、老龄化程度不断加深、新型城镇化加速推进，各类新增和升级需求发展潜力巨大，严格落实负面清单

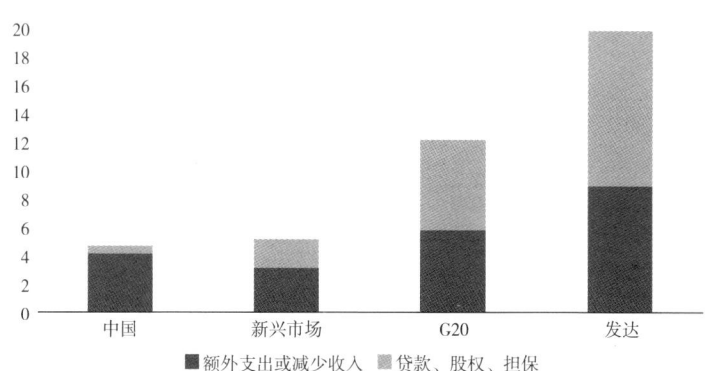

图2-11 全球各经济体应对疫情财政政策扩张占GDP比重示意图

资料来源：IMF和作者的计算，图中数值为经济体应对疫情财政政策扩张占GDP比重

管理制度有助于优质供给和资源"引进来";另一方面,消费中枢向内收敛也会为新一轮贸易分工打下物质基础。当前全球多边贸易转变为区域贸易的格局正在形成,而中国将逐渐成为全球更为突出的"供给—需求"双中心和新区域增长极,借全球价值链体系重构机遇,在数字经济等领域具有比较优势的中国企业有望迎来新一轮"走出去"红利。

双循环的真义

秦朔：中国商业文明研究中心发起人、《第一财经》日报原总编辑

> 双循环不只着眼眼前，还着眼明年开始的"十四五"乃至更长时间。双循环不只针对美国对中国一直不停的强硬出牌，而是针对全球化大变局下"中国往何处去"的方向。

在新冠、脱钩之后，2020年的第三个高频关键词出现了——双循环。

"我们遇到的很多问题是中长期的，必须从持久战的角度加以认识，加快形成以国内大循环为主体、国内国际双循环相互促进的新发展格局。"中长期问题，持久战角度，新发展格局，可见双循环不只着眼眼前，还着眼明年开始的

"十四五"乃至更长时间。双循环不只针对美国对中国一直不停的强硬出牌，而是针对全球化大变局下"中国往何处去"的方向。

今年以来，中国经济经历了三波恐慌：先是疫情在中国首先暴发的那段时间，关于海外订单锐减、外向型企业纷纷倒闭的恐慌；接着是关于外资将在中国的供应链移走的恐慌；最后是美国对华为、TikTok封禁，并将越来越多的中国企业纳入"实体清单"、不准向它们转让技术的恐慌。这三波压力次第袭来，再加上疫情本身的社会隔离效应，让2020年成为中国人多年来最为焦虑的一年。

在此时刻提出的双循环，是不是中国走向未来的钥匙、药方、火炬？关键取决于我们如何透彻地理解双循环。最近几个月，我去了浙江、广东、江苏、山东的多个城市和企业调研，发现危与机是并存的，事在人为，只要不断在事上而不是嘴上磨炼，心就会定。我们不能决定外部环境，但可以在外部的约束条件下，安身立命，尽量做好。中国人往往比谁走得都快，但关键是要走对方向。

结合调研和初步研究，我对双循环有如下一些看法：第一，双循环代表了中国螺旋式上升的新发展方向，是新的历史条件下改革开放和经济现代化的新版本。第二，双循环绝不是也绝不应该是自我封闭、自给自足，而是内外打通、内外融通、内外促进。第三，双循环的驱动力，既是中国内部大市场的规模，完善有力的生产配套体系，更是市场化改革的力量和对内、对外开放的力量。第四，双循环的关键不是内外问题，而是循环问题，要继续推动一切生产要素更加自由、公平地流动，从而提高整个经济的效率，激发全社会的创新精神。与其说双循环是对外部压力的一种回应，不如说是中国经济的一次重大超越。

循环意味着流动，内部流动，外部流动，内外之间流动。循环、流动、互动，这背后的经济学道理就是分工合作。分工合作让交易双方都受益。任何一个经济体，其实都处在内外交融的循环之中，只是循环程度不同而已。能不能不参与分工与合作？能，但那是效率很低、民生福祉很差的经济。在统制经济下，人们是简单生存，不是美好生活。

随着中国经济越来越强大，美国又对中国频频施压，现在网上经常可以看到"大不了不玩了""自己照样可以过好"

的情绪。这种情绪的产生有合理性，但并不理性。如果不参与国际循环，纯粹自给自足，中国的日子肯定没有今天好，举两方面的例子来说明。

一是资源的角度。2019年中国从国外进口了10.69亿吨铁矿砂，对外依存度超过80%；进口了5.06亿吨原油，对外依存度达72%；进口了9656万吨天然气，对外依存度达44%；中国的锂、钴矿石对外依存度约70%；大豆对外依存度约86%；中国还进口了210.8万吨猪肉和165.9万吨牛肉，虽然对外依存度不高，但增长幅度很高。2019年猪肉进口的增幅是75%，牛肉进口的增幅是60%。这都说明我们很多方面的资源条件很薄弱，离不开国际循环。有人说，中国不是有很多铁矿石吗？是的，中国的铁矿石储量排名世界第四，占全球储量的12.35%，不算少。问题是中国的矿石含铁品位平均只有34.3%，基本全是贫矿石，要经过选矿富集后才能使用。而选矿过程成本很高，中国的铁矿选矿成本是世界三大铁矿石企业的两到三倍。如此看来，进口更划算。

二是核心技术和关键零部件的角度，中国也离不开世界。据海关数据，2019年中国进口了3040亿美元芯片，预计2020年仍将进口3000亿美元以上。工信部前部长苗圩曾指出,我国大多数装备研发设计水平较低,试验检测手段不足,关键共性技术缺失,底层技术的"黑匣子"尚未突破,一些关键产品也很难通过逆向工程实现自主设计、研发和创新;很多关键材料、核心零部件严重依赖进口,如我国拥有自主知识产权的"华龙一号"核电机组,虽然大部分设备实现了国产化,但15%的关键零部件还依靠进口。

中国信息通信研究院许志远的研究显示,在移动通信和软件方面我国与发达国家的差距依然巨大。先看移动通信,在FPGA(现场可编程门阵列)、DSP(数字信号处理)、AD/DA(模数-数模转换)、射频收发、功放、低噪放、驱动放大器这7个方面,全球排名前5的公司没有中国的;在滤波器、天线、基站设备这3个方面全球排名前5的有多家中国公司,其中华为在天线和基站设备上位居第一。再看软件,在操作系统、中间件、数据库、存储管理、虚拟化、安全软件、ERP(企业资源计划系统)、CRM(客户关系管理)、办公软件这9个方面,全球排名前5的公司中没有一家中国的;在桌面OS、手机OS、云OS、物联网OS、IP核、EDA(电子设计自动化)、CAD（计算机辅助设计）、CAE（计算机辅助工程）这8个方面，中国公司也很薄弱，只是在桌面OS上基于Linux进行二次开发，在手机OS、物联网OS和EDA方面有所布局。最近，我还看到仪器设备方面的一份报告。美国《化学与工程》杂志公布的全球科学仪器公司排名前20名单中，8家是美国公司，7家是欧洲的，5家是日本的。中国企业在高端光学显微镜、透射式电镜生产方面几乎是空白。据中国仪器仪表行业协会统计，2015年至2017年我国显微镜年均进口5万台左右，年均出口220万~300万台，但出口金额远低于进口金额，说明单台产品的出口价远远低于进口产品。

前不久我请教工业富联（601138.SH）的一位高管，在工业互联网方面中国和国外的差距表现在哪里？他说，不是设备，不是模具，是高端工业软件、高端可编程逻辑控制器，以及工业网络协议等。我参观过多家中国的智能手机企业的生产线，其中的关键设备（如贴片机）基本依赖进口。一旦离开国际循环，中国不少产业将难以转动，甚至失灵、停摆。其实，如果仔细回顾一下共和国的经济史，中国一直没有放弃过加入国际循环的努力，尽管中间遭遇过这样那样的封锁与曲折。

20世纪50年代：1952年9月，周恩来到苏联谈判，后来确定苏联援建中国156个项目，大部分项目在"一五""二五"时期完成，中国的工业化实现了一次飞跃；"一五"期间，中国需要进口橡胶、化肥、钢材、机械、沥青等大量建设材料，但进口需要外汇。为了创汇，1957年4月25日，中国各外贸公司联合举办了第一届中国出口商品交易会，将外国客商请进来。交易会每年春秋举办两次，这就是广交会。

20世纪60年代：1960年初，中苏关系交恶后，聂荣臻向中央提出在苏联中止技术援助后的应对措施，周恩来批示："凡可购买的重要技术资料，应从西方国家千方百计地买到；买不到的，应另行设法搞到。"中央和国务院成立了成套设备进口五人小组，从1963年下半年开始，先后同日本、荷兰、英国、意大利、法国和联邦德国的厂商签订了15项代表当时世界石化工业水平的成套设备进口合同，1964年至1966年交齐，1965年至1967年年底陆续建成和投入生产。从1963年6月与日本签订第一个进口维尼纶成套设备合同，随后几年里，中国从9个西方国家引进了84项石油、化工、冶金、矿山、电子和精密机械等国民经济建设急需的成套设备和技术。其中引进的2100台尖端技术及重点国防工程配套用仪器，对"两弹一星"的成功起到了重要作用。

20世纪70年代：1971年11月中国恢复在联合国的合法席位，1972年2月尼克松访华，1973年国家计委在《关于增加设备进口、扩大经济交流的请示报告》中建议，今后三五年内引进43亿美元成套设备，包括13套大化肥、4套大化纤、3套石油化工、1个烷基苯工厂、43套综合采煤机组、3个大电站、武钢一米七轧机，以及透平压缩机、燃气轮机、工业汽轮机制造工厂和斯贝发动机项目。通过设备引进，中国生产出了大量尿素，这是1979～1984年农业连续5年增产的原因之一。1981年南京烷基苯厂建成投产，结束了买肥皂要票的历史，洗衣粉可以敞开供应；化纤设备进来后，纺织品供应上来，实行几十年的布票取消了。中国走出"文革"回到经济建设正轨后，开始掀起新的引进高潮。1978年12月23日，十一届三中全会发布公报这一天，中国最大的引进项目宝钢工程举行动工典礼，打下第一根桩。两件事发生在同一天，似乎是在说明，中国经济要发展，就要和世界先进生产力联系在一起。

20世纪80年代之后,中国和国际循环紧密相依。改革开放42年,特别是1992年建立市场经济体制和2001年加入WTO后,中国与国际的循环更加顺畅,更加浩大。中国一方面是"摸着石头过河",另一方面也可以说是"跟着样板上路",也就是发达经济体已经证明行之有效的经验。

回顾整个历史,凡是我们和国际循环基本脱离的时间,就会生出很多自己折腾自己、内耗内斗内乱的时间。

2020年8月26日,深圳特区成立40周年,我写了一篇文章,经济学家巴曙松看后说:"写深圳不能不提香港,那么多地方开放,为什么深圳最成功?"确实如此,深圳也包括珠三角很多城市,改革开放之初都是"以港为师"的,不仅因为香港先进,而且因为香港是连接世界、进入一个更大的国际循环的中转站。

曾任深圳市副市长的唐杰最近接受《21世纪经济报道》采访时说,深圳最初的工业化是"投资以外商投资为主、生产以加工装配为主、产品以出口为主",今天看很低端,但正是借助"三来一补"的加工贸易方式,深圳成功嵌入了全球电子信息产业链。

"三来一补"给深圳带来了什么？唐杰说，一是合约意识，一切按合同，有问题找市场而不是市长；二是需求和产品多样化，越来越多产品在深圳装配，产业链最初就是这么来的；三是了解外部市场，知道了品牌的重要性，当具备大规模生产实力之后，深圳的企业也开始创造品牌。

所以，深圳能有今天，一个根本原因是从一开始就进入了全球分工体系，被这个体系中的先进力量和国际市场所带动和塑造。通俗地说，就是"你跟谁在一起就会成为什么样的人"。深圳今天能形成发达的、高度细分的、复杂的网络化分工体系，和国际品牌商、贸易商、零售商、外资的推动是分不开的。

最近我在看《回到现场：亲历上海实业十三年》一书，作者蔡来兴从1995年到2008年担任上实集团的董事长。他受命担任董事长后了解到，李嘉诚的公司一年赚的钱比上海一年的财政收入还要多，于是组织班子研究，发现世界大企业高速成长的奥秘是在产品经营基础上大力开展资产经营。1996年5月30日，上实控股在香港上市，此后通过重大资产注入，在短短一年时间内从境内外资本市场募集过百亿港元，相当于当年上海124家A股上市公司募资的总量。上海实业不仅为上海源源不断地募集了急需的建设资金，在深化国企改革、打造现代产业体系、培养优秀人才等方面也贡献良多。这本书让我体会到，上海当年的发展也和与香港资本市场的对接息息相关。

眺望中国的各个区域，可以清晰地看到，凡是有强烈的国际循环助推的地方，经济活力、营商环境、企业家水平、官员素质就会更高。因为国际循环是全球化的，是有国际标准要求的，是要进行全球竞争的。和国际循环在一起，能开眼界，长知识，悟门道，强素质，优环境，水涨船高。正是通过国际循环，促进了中国的国内循环，强大了我们的市场，提升了我们的能力。国内经济体大了、强了，就有可能成为新形势下的发展主体。

前面说了中国离不开世界，离不开国际循环。反过来，世界也离不开中国，而且越来越离不开。因为中国是世界最大的市场之一；有非常完善的基础设施（如高铁运营里程占全球的70%）；有成熟的配套体系；有不断改进的营商环境；

最重要的，中国有全世界最广泛和强烈的企业家精神。所以，中国能给世界带来机会和利益。

就在脱钩之声不绝于耳之时，我们还看到了以下情形：

随着最近理想汽车和小鹏汽车在美国上市，中国三大造车新势力（还有蔚来）已经齐聚美国资本市场。贝壳找房网的上市也非常成功。今年已经有20多家中国企业在美国上市。

2020年1~7月中国实际使用外资金额为769.8亿美元，同比下降2.3%，而根据联合国贸发会议（UNCTAD）发布的《2020年世界投资报告》预计，2020年全球外商直接投资的流量将下降近40%。相比起来，中国仍是外资的热土。如果以人民币计算，1~7月中国实际使用的外资还增长了0.5%。

据商务部统计，今年1~7月外商在华新设企业18838家，其中日本新设企业415家，美国860家，韩国849家，新加坡584家，英国296家，德国245家。一些数十亿乃至上百亿美元投资的大项目（如巴斯夫、埃克森美孚、荷兰皇家壳牌）正在推进中。

很多跨国公司都表示，不会迁移在中国的产能。除了因为中国制造的产品的性价比高，还因为中国本身就是大市场,像苹果、耐克、乐高、宝马、奔驰等在中国的生产,很大部分是要在本地销售的。

一个总体的趋势,不是中国和世界脱轨(脱钩只是局部的、选择性的调整),而是更大的挂钩。中国的商品出口在全球的商品出口中的份额还在增加(14%左右),这说明了中国制造的价值;很多跨国公司在中国的销售额不断增加,如欧莱雅2020年上半年在中国的销售额同比增长18%,特斯拉2020第二季度在中国的收入增长一倍,这说明了中国市场的价值;外资在中国股票和债券市场的持有量的上升,证明了中国潜力的价值。即使在疫情和中美关系很不正常的情况下,根据美国国际贸易委员会(USITC)数据,上半年中国仍然完成了第一阶段贸易协议中上半年对应目标的45%,同时正在加速从美国采购能源品(如石油)。因为中国具有生产和市场的双优势,所以中国在"走出去"和"引进来"两个方面都有竞争力、吸引力。

该应对的应对,该反制的反制。但最重要的是把自己的事情做好,把自己的思想清理好。

第一,在经济全球化的今天,中国经济早已是内中有外（国内市场国际化），内外交融，内外一体。两个大局其实是一个统一的大局，内部循环和外部循环也是同一个大循环。

第二，加入国际循环就要按国际规则办事，不断提升企业的合规经营、竞争中性的水平，如此才能更好地获得国际社会的认可。

复旦大学经济学院院长张军最近撰文说："你太小的时候，出门搭大人的便车，别人不在意，也不会认为你占了便宜，不会认为不公平。但当你长大了，块头大了，别人的看法就会不一样，你出门就得自己打车或自己开车，至少你出门是要付出代价，这样才显得公平。以经济学家的眼光来看，改变我出门的旧习惯不是坏事，反而对自己也是好事，不然我就走不远了。"

第三，循环就是让一切经济要素开放流动、公平流动。如果当年沿袭国营外贸公司对外贸业务的垄断，中国不可能有今天这样在国际循环中的作用。1999年民企可以获得自营进出口权，"入世"后中国外贸才一飞冲天，到2015年民企的出口比重首次超过了外资企业。

今天要促进国内大循环，一定要给所有经济主体平等的待遇，一定要打破国内市场上各种阻碍要素流通的显性和隐形障碍。各行各业都要学习移动支付那样便捷、普惠与通畅，而不是在区域之间、所有制之间、城乡之间、身份之间、部门之间设置那么多带有歧视性的阻碍，金融、教育、医疗、内容与传播、数据服务等领域尤甚。

第四，要促进双循环，中国还要更大力度地开放市场和行业准入，更好地包容与服务国际经济要素流入中国，扎根中国，由此提升中国经济的竞争水平。人民币要成为国际货币，从最根本上说，是中国经济要有高度的法治化、稳定、可预期，并能为国际投资者提供兼具宽度、深度、安全、流动性的市场服务。

第五，中国自身要更加开放，对周边和国际也要更加开放，凡是愿意同我们合作的国家、地区和企业，都要积极合作；要努力建立双向互动的各种区域化经贸合作关系，推动完善更加公平合理的国际经济治理体系。

第六，要使国内大循环成为主体，就要通过资源配置的市场化、法治化、科学化，让经济效率提高、回报提高、可支配收入提高，如此才能提振消费。

最后的结论是：不是因为"内"就有机会，是因为"循环"和"以外促内"，以开放促市场化改革，中国才有新机会。所以，真正的问题是：我们的要素流动是不是自主循环了？要素价格是不是由市场决定了？要素配置是不是高效公平了？企业家精神是不是更有保障了？制度性交易成本是不是不断降低了？市场化改革和对内对外开放引领了过去几十年的中国经济。今天，我们需要在历史的新起点上，将市场化改革和开放推向新阶段、新纪元。只要我们不给自己设卡设限，谁都卡不住我们的脖子与未来。

第三章
双循环三大抓手：
新基建、城市群和放开生育

对于如何构建双循环，东吴证券首席经济学家任泽平，恒大研究院副院长熊柴，方正证券宏观研究员马家进认为，一是建议发展新基建，新基建在短期有助于扩大内需，长期能够增加有效供给，提升产业链，将是双循环的主要抓手之一；二是新经济、新技术、新产业、新基建的未来有着很大的不确定性，建议交由企业和市场进行选择；三是呼吁放开生育。

中央提出双循环大战略，强调要"加快形成以国内大循环为主体、国内国际双循环相互促进的新发展格局"。当前国内外形势复杂严峻：外部，中美贸易摩擦持续升级，逆全球化思潮涌动，中美产业链和技术链局部脱钩风险上升；内部，人口老龄化加速到来，人口红利逐渐消失，经济面临增速换挡、新旧动能转换。

我们认为，双循环的核心是对内扩大内需、对外提升产业链安全，关键是三大抓手：新基建、城市群和放开生育。这是这些年我们在公共政策领域的三大建言和呼吁，但进展不同。新基建已经从学术讨论走向国家战略，城市群逐渐走向社会共识但尚未完全落实到公共政策，而全面放开生育则面临巨大的学术分歧和社会争议。近年我国公共政策日趋成熟：供给侧结构性改革、双支柱调控、新基建、双循环、跨周期调节。经济学家应为推动社会进步贡献知识,不负一代知识分子的使命。

今年的抗击疫情和复工复产,近三年"防范化解重大风险、精准脱贫、污染防治"的三大攻坚战,"去产能、去库存、去杠杆、降成本、补短板"的供给侧结构性改革,均抓铁有痕,踏石留印,久久为功,展现了巨大的体制优势,以及改革的勇气和决心。事在人为,百年未有之大变局才能成就百年未有之功业。

大力推进新基建，以应对经济下行和中美贸易摩擦，打造中国经济新引擎

任泽平：东吴证券首席经济学家

熊柴：恒大研究院副院长

马家进：方正证券宏观研究员

> 新基建不仅能够短期扩大有效需求，而且能够长期扩大有效供给，通过增加资本存量和提高全要素生产率促进经济长期增长。新基建是构建实施双循环战略的有力抓手。要用改革创新的方式推动新一轮基础设施建设，而不是简单地重走老路。未来"新"一轮基建主要应有五"新"。

新基建是应对疫情和经济下行最简单有效的办法

中国正处于经济增速换挡、跨越中等收入陷阱的关键时刻,2019年GDP实际增速6.1%,创1991年以来新低,经济持续下行有外部和周期性因素,但主要是内部结构性和体制性因素。2020年新冠肺炎疫情全球大流行又造成巨大冲击,第一季度GDP同比-6.8%,第二季度同比3.2%,尚未恢复至正常水平。

图3-1 中国经济增速持续下行并受疫情巨大冲击

资料来源:国家统计局,恒大研究院

我们在2020年2月率先倡导新基建,引发社会各界大讨论,最终从学术讨论走向国家战略。新基建是应对疫情和经济下行最简单有效的办法，兼顾短期扩大有效需求和长期扩大有效供给，兼具稳增长、稳就业、调结构、促创新、惠民生的综合性重大作用，打造中国经济新引擎。

狭义的"新基建"是指以科技创新为核心的基础设施补短板，比如5G基建、人工智能、大数据中心等。广义的新基建是推动中国经济高质量发展、满足人民美好生活需要的软硬件基础设施补短板，新时代产生了新需求、提出了新要求，凡是符合未来新时代经济社会发展需要的基础设施都属于新基建。新基建是有时代烙印的。如果说20年前中国经济的新基建是铁路、公路、机场、桥梁，那么未来20年支撑中国经济社会繁荣发展的新基建则是5G、人工智能、大数据中心、工业互联网等科技创新领域的基础设施，以及教育、医疗等消费升级重大民生领域的基础设施。

新基建不仅能够短期扩大有效需求，而且能够长期扩大有效供给，通过增加资本存量和提高全要素生产率促进经济长期增长。在所有宏观对冲政策中，无论是货币政策还是财政政策，无论是QE、减税、基建、现金补贴还是消费券等工具，都是要么通过央行发行货币，要么通过政府增加债务。

既然都是货币发行或增加债务，从债务周期或金融周期的角度来看，关键是考虑当前增加的债务能否带来未来的收入。纯粹通过货币超发刺激消费不会有资本形成，不会提升长期经济增长潜力，只会形成巨大债务悬空和金融风险，削弱长期竞争力。比如，美国长期货币超发，过度消费，导致2007年次贷危机和2020年流动性危机，竞争力大幅下降，霸权地位不断削弱；南欧国家寅吃卯粮，国家高福利、低储蓄、高负债，导致了2009~2012年的欧债危机，欧洲日薄西山。但是，扩大有效投资可以增加资本形成和未来收入，提高长期经济增长潜力，促进经济良性循环。中国在1998年亚洲金融危机和2008年国际金融危机时期，实施大规模超前基础设施建设，不仅成功应对了危机，而且为中国经济高增长和制造业崛起奠定了坚实基础，这是中国经济奇迹的秘诀。

新基建是应对中美贸易摩擦和大国竞争的关键胜负手

回顾历史，新基建深刻地影响了世界经济发展和大国兴衰。大航海时代，英国是世界霸主，造船、航海等新基建成就了英国的"日不落帝国"称号。19世纪的美国，铁路是最大的新基建，大规模超前建设铁路成就了美国世界经济中心的地位。19世纪及20世纪前半期，铁路一直是美国最重要的交通运输方式。1830~1915年，美国铁路里程以每年约5500千米的速度增长。在南北战争爆发时，美国铁路总里程只有4.8万千米，而1900年已达到30多万千米，超过了欧洲各国铁路的总里程，几乎占全世界铁路里程的一半。美国铁路的大规模建设加速了工业化和城市化进程，促进了第二次工业革命的爆发，开启了经济高速增长的"镀金时代"，美国崛起后成为世界经济和贸易中心。20世纪90年代的美国，信息高速公路是最大的新基建，成就了美国在互联网经济时代的领先优势。1993年克林顿政府推出"信息高速公路计划"，计划投资4000亿美元，用20年时间逐步将电信光缆铺设到所有家庭用户；1994年提出建设全球信息基础设施，通过卫星通信和电信光缆连通全球信息网络，形成信息共享的竞争机制。随后培育出了微软、谷歌、苹果等全球高科技巨头，主导着当今计算机、通信、互联网领域的发展潮流，具备强大的半导体、微处理器、计算机和通信设备的制造与研发能力。2010年美国率先开启4G商用，随后带动了一批移动互联网应用的快速发展，4G的领先地位为美国带动了累计1万亿美元的产出，每年为美国GDP增长贡献了4750亿美元，对美国巩固科技霸主地位贡献巨大。

改革开放40多年来，中国是大规模超前基础设施建设的受益者，抓住了改革开放和全球化的红利。没有适度超前的基建，怎么会有中国制造的强大竞争力？没有超前的网络宽带建设，怎么会有互联网经济的繁荣发展？1998年亚洲金融风暴时，中国通过增发长期国债，加强基础设施建设，不仅成功地应对了危机，而且为2001年中国加入WTO后成为"世界工厂"以及经济高速增长奠定了坚实基础。2008年国际金融危机其间，中国推出"四万亿"投资计划，尽管当时争议很大，但现在来看意义重大：大幅降低了运输成本，提升了中国制造的全球竞争力，释放了中国经济增长的巨大潜力。长期以来，中国进行大规模超前的信息网络基础设施的研发和铺设，成功培育了一批批新经济、新技术，在移动支付、电子商务、新零售、人工智能、共享出行、5G等领域处于国际领先地位，催生出阿里巴巴、腾讯、华为等世界级科技巨头，全球新经济"独角兽"企业数量仅次于美国。改革开放初期有句话叫"要想富,先修路",经过几十年的"基建狂飙",今天中国拥有世界上最发达的基础设施,为吸引全球跨国企业、布局最完整的全球产业链、抢占全球科技创新制高点、破局美国"新冷战"战略遏制、实现中华民族伟大复兴奠定了坚实基础。

新基建是未来新经济、新技术、新产业的基础设施支撑,是大国竞争的关键胜负手。新基建包括5G、大数据中心、人工智能等科技领域的基础设施,教育、医疗等民生领域的基础设施,以及营商环境、服务业开放、多层次资本市场等制度领域的基础设施。这些领域发展空间巨大,增长迅速,经济社会效益显著,对上下游行业带动性强,在未来经济社会发展中将起到担大任、挑大梁的重要角色。以5G为例,未来5G将以万亿美元级的投资拉动10万亿美元级的下游经济价值,中美两国将决战新一代信息技术。中国移动通信行业经历了1G空白、2G落后、3G追随、4G同步的发展历程,今天我们终于在5G时代走在了前沿,在标准制定、产业链配套等方面拥有了话语权。新型信息基础设施为智能经济的发展和产业数字化转型提供了底层支撑。5G与云计算、大数据、物联网、人工智能等领域深度融合，将形成新一代信息基础设施的核心能力。5G网络具有低时延、广连接、大带宽三大特点，后续将会促进物联网、车联网、VR、AR等应用场景的不断成熟，推动社会进步和人类生活方式的变革（如图3-2所示）。

图3-2 十年一代，5G将开启移动通信新纪元

资料来源：华为，恒大研究院

政策建议：大力推进新基建，打造中国经济新引擎

新基建是构建实施双循环战略的有力抓手。要用改革创新的方式推动新一轮基础设施建设，而不是简单地重走老路。未来"新"一轮基建主要应有五"新"。

第一，新领域。在补齐铁路、公路、桥梁等传统基建的基础上大力发展5G、特高压、人工智能、工业互联网、智慧城市、城际高速铁路、城际轨道交通、大数据中心、新能源汽车充电桩、教育、医疗等新型基建。以改革创新稳增长，发展创新型产业，培育新的经济增长点。

第二，新地区。基础设施建设最终是为人口和产业服务的，未来城镇化的人口将更多地聚集到城市群和都市圈，比如长三角、粤港澳、京津冀等，未来上述地区的轨道交通、城际铁路、教育、医疗、5G等基础设施将面临严重短缺问题，在上述地区进行适度超前的基础设施建设能够使经济社会效益最大化。对人口流入地区，要适当放松地方债务要求，以推进大规模基建；但对人口流出地区，要加强债务约束，避免因大规模基建造成明显浪费。

第三，新主体。要进一步放开基建领域的市场准入，扩大投资主体，尤其是有一定收益的项目要对民间资本一视同仁。事实上，华为、腾讯、阿里巴巴等企业已经大力投入新基建。政府、市场和企业相互支持配合，市场能干的尽可能交给市场，这样更有效率，政府则提供财税、金融等基础支持。区分基础设施和商业应用，前者是政府和市场一起，后者是更多依靠市场和企业。

第四，新方式。新基建大多属于新技术、新产业、新经济，需要不同于传统基建的财政、金融、产业等配套制度支撑。在财政政策方面，研发支出加计扣除，高新技术企业低税率；在货币金融政策方面，对贷款、多层次资本市场、并购、IPO、发债等给予支持，推动规范的政府和社会资本合作（PPP）；在产业政策方面，将新基建纳入国家战略和各地经济社会发展规划中。

第五，新内涵。除了硬的新基建，还应该包括软的新基建，即制度改革。推进深层次体制机制改革，加强舆论监督和信息公开透明，补齐医疗短板，改革医疗体制，加大汽车、金融、电信、电力等基础行业开放，加大知识产权保护力度，改善营商环境，大幅减税降费，尤其是社保费率和企业所得税，落实竞争中性，发展多层次资本市场，建立新激励机制，调动地方政府和企业家的积极性等。

加快推进以城市群都市圈为主导的新型城市化

任泽平:东吴证券首席经济学家

熊柴:恒大研究院副院长

马家进:方正证券宏观研究员

> 城市群都市圈为主导的新型城市化是促进双循环的重要动力。城市群都市圈更具生产效率,更节约土地、能源等,是支撑中国经济高质量发展的主要平台,是中国当前和未来发展的重点。

产业、人口迁移的规律和中国新趋势

从国内外经验看，城市群都市圈化是城市化发展的必然趋势和科学规律，尤其在城市化中后期，人口和产业的区域集聚效应将更明显。由于规模效应、交易成本、学习效应等，大多数产业发展需要集聚，所以工业化带动城市化，人口大规模从乡村向城市集聚。服务业发展比工业更需要集聚，所以在城市化中后期，人口主要向一二线大城市和大都市圈集聚，即城市群都市圈化。相应地，城市发展经历了从单级城市、都市圈到城市群的演变。从国际看，美国300多年人口迁移呈现两个特点：一是在地区层面，从向传统工业主导的五大湖区域集聚，到向能源、现代制造和现代服务业主导的西海岸、南海岸集聚；二是在城乡层面，美国人口在城市化中后期明显向大都会区集聚。在日本城市化进程中，人口随着产业持续向大都市圈集聚，但在1973年左右从向东京圈、大阪圈、名古屋圈"三极"集聚转为向东京圈"一极"集聚。

改革开放以来，中国人口迁移经历了从"孔雀东南飞"到2010年后的回流中西部，再到近年的粤浙人口再集聚和回流中西部并存三个阶段。从常住人口看，2001~2010年、2011~2015年、2016~2019年，广东、浙江常住人口年均分别增加179万、82万、168万和85万、18万、78万，而江苏三个时期分别增加54万、21万、23万；安徽、四川、广西、河南、重庆等中西部省份由2001~2010年的年均负增长转为2011年后的正增长；东北三省由2001~2010年的年均正增长转为2011~2015年的负增长，近4年减幅扩大。从剔除自然增长因素之后的人口迁移看，近4年广东、浙江年均人口净流入分别由2011~2015年的14万、–7万大幅回升至2016~2019年的76万、46万，呈现明显的人口再集聚趋势；上海、北京因近年严控人口规模，均由人口净流入转变为净流出；山东近年经济转型落后，年均人口净流出规模较2011~2015年继续扩大；中部省份除安徽由年均净流出转为净流入外，其余各省均为持续净流出状态；重庆、四川、陕西近年人口持续回流，其中重庆、四川近4年年均人口净流入规模在10万以上；东北三省经济持续低迷，人口净流出规模持续扩大。

城市层面，近4年一二线城市人口持续流入但增速放缓，三四线持续流出；深圳、广州、杭州、长沙4市年均净流入超

20万。2001~2010年、2011~2015年、2016~2019年，全国337个地级及以上单位中，除个别城市数据缺失外，人口净流入城市数量占比分别为46.1%、40.4%、38.3%。分线看，2000~2019年一二线城市人口占比分别由3.7%、17.3%增至5.3%、20.6%，三四线则由30.9%、43.5%降至30.5%、40.5%。从趋势看，2001~2010年、2011~2015年、2016~2019年，一线人口年均增速分别为3.42%、1.49%、1.33%，二线分别为1.81%、1.00%、0.69%，均远高于全国人口平均增速的0.57%、0.50%、0.46%。一二线人口保持集聚，但增速持续放缓。上述三个时期，三线人口年均增速分别为0.52%、0.40%、0.38%，略低于全国平均增速；四线仅分别为0.15%、0.36%、0.34%，明显低于全国平均水平，表明三四线人口仍持续流出。具体来看，深圳、广州、杭州三城以活跃的新经济产业和较为宽松的人才政策吸引人口大规模流入，三城近4年常住人口年均净流入分别达28万、28万、27万，较2011~2015年均大幅增长；长沙、宁波、西安、成都、郑州、重庆近4年常住人口年均净流入规模均在10万以上；这几个城市均为所在都市圈核心城市（如图3-3所示）。

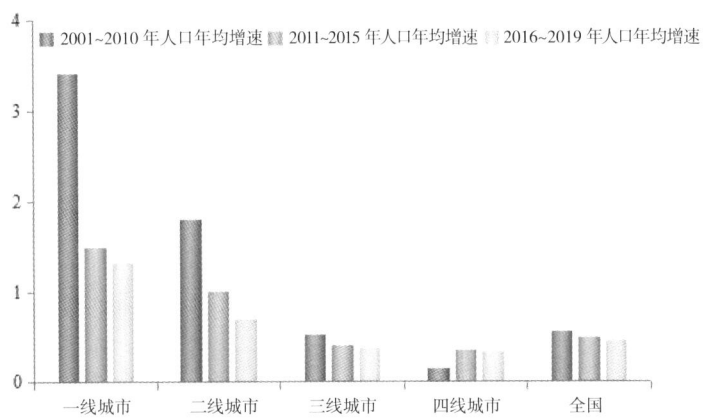

图3-3 2016至2019年一二线城市人口流入放缓，三四线持续流出
资料来源：各地统计局，恒大研究院

都市圈层面，近4年广佛肇、杭州、上海、深莞惠、重庆、成都等10个都市圈年均净流入人口规模超10万；人口净流出都市圈增至10个，京沪都市圈人口向周边疏解。2000~2019年，33个都市圈土地面积仅占全国16.2%，其常住人口合计占比由47.8%升至51.7%，GDP合计占比由63.2%升至65.7%，人口、经济进一步向都市圈集聚；2001~2010年、2011~2015年、2016~2019年人口净流出的都市圈分别有6、9、10个，近4年人口流出都市圈主要分布在东北、山东半岛、京津冀等地区。具体看，近4年人口年均净流入超10万

的都市圈有10个,其中广佛肇、杭州、上海、深莞惠、长株潭5个都市圈年均净流入规模超20万,宁波、重庆、西安、成都、郑州5个都市圈年均净流入规模在10万~20万之间。从都市圈内部看,近4年核心城市、周边城市人口均为净流出的有哈尔滨、长吉、乌鲁木齐都市圈,核心城市人口净流入,但都市圈整体净流出的有济南、南昌、石家庄、青岛等7个都市圈,反映这些都市圈的核心城市人口吸引力不足,周边城市人口主要向都市圈外流出。此外,近年京沪大力控人,核心城市人口净流出,周边城市净流入。

城市群层面,近4年珠三角、长三角城市群年均净流入超60万,成渝城市群年均净流入超27万,山东半岛、中原、哈长、京津冀、海峡西岸5个城市群年均人口净流出超10万。总体上看,人口、经济已高度集中于19个城市群,近年愈发向核心城市群集聚。2000~2019年,全国19个城市群土地面积占全国38.5%,其常住人口合计占比由82.7%升至85.3%,GDP合计占比由88.4%升至90.7%。除2011~2015年、2016~2019年天山北坡城市群数据缺失外,2001~2010年、2011~2015年、2016~2019年人口净流出的城市群分别有5、

8、7个。具体看，全国经济最活跃的长三角、珠三角城市群土地面积仅占全国2.9%，2000~2019年常住人口合计占比由13.9%升至16.4%，GDP合计占比由26.8%升至29.4%；近4年珠三角、长三角城市群年均人口净流入分别为66万、62万，较2011~2015年的3万、15万显著扩大。在重庆、成都都市圈引领下，西部的成渝城市群由2001~2010年的年均净流出63万变为2011~2015年年均净流入19万，2016~2019年年均净流入扩大至27万。东北、山东、中原等区域近年产业结构单一、经济转型缓慢，呈现人口净流出趋势。2011~2015年、2016~2019年，山东半岛、哈长城市群人口净流出规模扩大，京津冀城市群由净流入转为净流出，上述3个及中原、海峡西岸城市群近4年年均净流出人口规模均超10万。

城市化发展战略从小城镇化转向城市群都市圈化

过去几十年，中国区域国土规划长期存在两派之争："小城镇派"和以大城市为引领的"城市群派"。"小城镇派"关于"控制大城市规模、积极发展中小城镇、区域均衡发展"的计划经济思想长期占据主导。1980年10月，中国第一次城市规划工作会议确立了"控制大城市规模，合理发展中等城市，积极发展小城市"的城市发展方针。1990年4月《城市规划法》规定，"严格控制大城市规模，积极发展中等城市和小城市"，以法律形式确定了城市化发展道路（2008年废止后，实施《城乡规划法》，未提城市化发展战略）。2000年6月，中共中央、国务院印发《关于促进小城镇健康发展的若干意见》。之后，中国城市化发展战略逐渐调整为"大中小城市和小城镇协调发展"，但"控制大城市发展、积极发展中小城镇、区域均衡发展"的思想仍然广泛见诸相关政策文件。"小城镇派"的初衷是为了避免欧美的大城市病、拉美的贫民窟等其他国家走过的城市化弯路，这是中国相当一部分学者和政策设计者的主张。听起来好像非常理想，关起门来想好像也很合理，但实践中却严重脱离实际，与人口流动趋势、发达国家城市化国际经验、市场化配置资源等相违背，造成了一系列严重的经济社会问题。

在人口方面，"小城市派"主张严控大城市人口规模，并引导人口流向中小城市，从而实现所谓的均衡发展。从中国的户籍制度改革进程看，20世纪80年代开始放开小城镇落户限制；2012年2月，国务院办公厅《关于积极稳妥推进户籍管理制度改革的通知》指出，要引导非农产业和农村人口有序向中小城市和建制镇转移。2014年《国家新型城镇化规划（2014~2020年）》要求，全面放开建制镇和小城市落户限制，有序放开中等城市落户限制，合理确定大城市落户条件，严格控制500万以上的特大城市人口规模。但中国人口并未如"小城镇派"预期的那样向中小城市集聚，而是持续向大城市及周边集聚。

在土地方面，"小城镇派"主张严格控制大城市用地而增加中小城市用地，控制东部建设用地而增加中西部建设用地。改革开放初期，为充分发挥东部地区沿海的地理优势，中国首先实施了东部率先发展战略，使得东部地区经济迅速起步并获得快速发展。在此背景下，"小城镇派"开始要求控制东部和大城市建设用地。比如，1999年《全国土地利用总体规划纲要（1997~2010年）》要求，东南沿海区要严格控制各类建设特别是城镇和开发区建设用地规模。2016年《全国土地利用总体规划纲要（2006~2020年）调整方案》要求，严格控制超大城市、特大城市用地规模，合理安排大中小城市用地；京津冀、长三角、珠三角等区域逐年减少建设用地增量，推动产业结构向高端高效发展，防治"城市病"。

在市场机制和指标管理的作用下，人口城镇化与土地供给方向明显背离，结果导致严重的人地分离和土地错配，不仅增加了西部资源环境压力，限制了东部和大城市集聚效应的发挥，也是一二线城市高房价、三四线一度高库存的深层次根源。分地区看，2003~2016年东部国有建设用地供应面积占全国的比例从61.2%下降至34.2%，中部从16.3%上升至24.3%，西部从16.3%上升至35.6%，东北地区从6.3%升至2011年峰值16.9%再降至5.8%（如图3-4所示）。结合国家统计局人口数据和自然资源部土地数据，2009~2016年东部地区常住人口增量占全国比重为41.4%，但城镇用地增量占比仅为28.5%，低于人口增量比例12.9个百分点；而中部、东北、西部地区城镇用地增量占比分别高于其人口增量占比1.7、4.4、6.8个百分点。分城市看，根据住房和城乡建设部数据计算，2006~2017年城区常住人口在1000万人以上的城市人口增长34.1%，但城市用地仅增长28.2%（因数据缺失，一线城市用地数据以城市建成区口径计算）；城区常住人口在20万

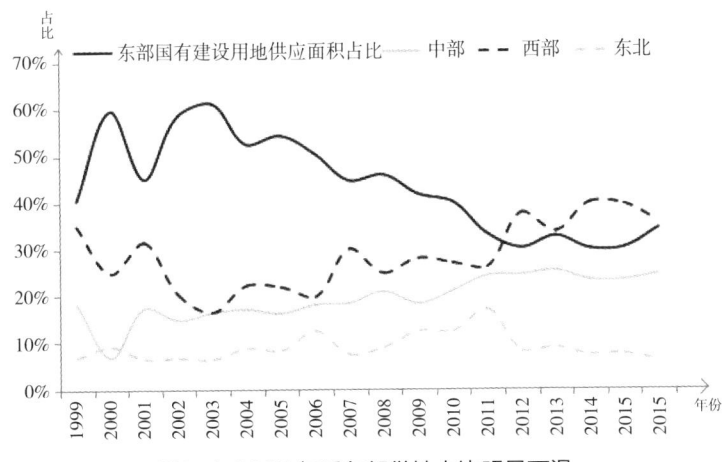

图3-4 2003年后东部供地占比明显下滑

资料来源：自然资源部，恒大研究院

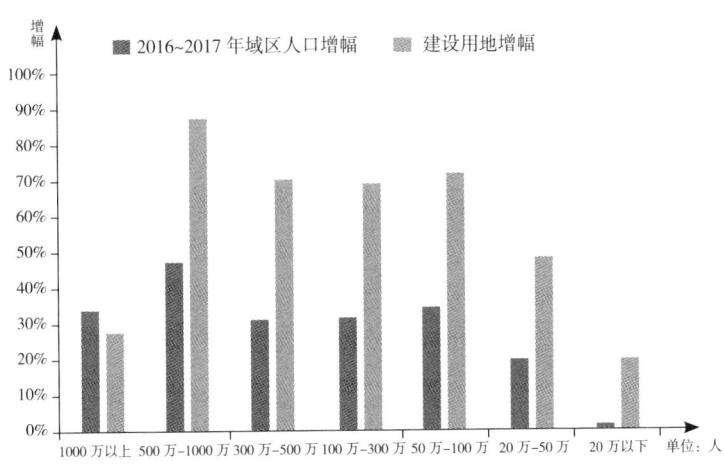

图3-5 土地在不同规模城市间明显错配

资料来源：住房和城乡建设部，恒大研究院

人以下的城市人口增长1.5%，而城市用地大幅增长19.8%（如图3-5所示）。2006~2017年1000万人以上城市的人均建设用地从72.2平方米降至68.8平方米，而20万人以下城市的人均建设用地从117.8平方米增至139.1平方米。

鉴于上述问题，近年来中国区域国土发展战略逐渐明确调整为"以中心城市为引领，以培育都市圈为突破口，以城市群为主体，以城市群带动区域发展，对中小城市分类施策"的新格局。2018年11月，党中央、国务院《关于建立更加有效的区域协调发展新机制的意见》要求，建立以中心城市引领城市群发展、城市群带动区域发展新模式。2019年2月，发改委发布《关于培育发展现代化都市圈的指导意见》，要求促进中心城市与周边城市（镇）同城化发展，以培育现代都市圈为城市群建设突破口；并要求放开除个别超大城市外的城市落户限制。2019年4月，发改委《2019年新型城镇化建设重点任务》要求，超大特大城市要合理疏解中心城区非核心功能，大城市要发挥规模效应和辐射带动作用，中小城市要分类施策，其中收缩型中小城市要瘦身强体，转变惯性的增量规划思维。2019年8月，中央财经委员会第五次会议强调，增强中心城市和城市群等区域经济和人口承载能力。2020年4月，党中央、国务院《关于构建更加完善的要素市场化配置体制机制的意见》明确要求，引导劳动力要素合理畅通有序流动，推进土地要素市场化配置。

政策建议：尊重产业和人口流动的客观规律，在集聚中促进平衡

城市群都市圈为主导的新型城市化是促进双循环的重要动力。城市群都市圈更具生产效率，更节约土地、能源等，是支撑中国经济高质量发展的主要平台，是中国当前以及未来发展的重点。我们建议充分尊重产业和人口向优势区域集聚的客观规律，立足各地区比较优势顺势而为，通过破除要素流动障碍、健全区际利益补偿机制等构建区域协调机制，在集聚中促进平衡。

第一，尊重产业和人口向优势地区集聚的客观规律，加快贯彻落实城市群都市圈战略。产业和人口向城市群和都市圈高度集聚是人类社会发展的客观规律，是全球普遍趋势，也是中国经济社会发展的必然路径。2019年12月，习近平总

书记发表文章《推动形成优势互补高质量发展的区域经济布局》，指出尊重产业和人口向优势区域集中的客观规律，发挥各地的比较优势，分类精准施策。建议通过一系列市场化改革，促进人口、土地、资本、技术、数据等要素自由充分流动，贯彻落实城市群都市圈战略。

第二，以常住人口增量为主要标准供给城镇用地，地随人走，推行新人地挂钩。目前的"人地挂钩"指农业转移人口落户数量与城镇建设用地供应量挂钩（2016年《关于建立城镇建设用地增加规模同吸纳农业转移人口落户数量挂钩机制的实施意见》），并不能解决热点城市人口流入与住房供应紧张之间的矛盾。未来应加快推行新增常住人口与土地供应挂钩，对人口增长的大城市、都市圈及城市群加大建设用地供应，对人口减少的地区要减少土地供应。而且，考虑到制定《城市用地分类与规划建设用地标准》（GB50137-2011）时全国第二次土地调查数据尚未公布，其中制定的规划人均城市建设用地面积的标准较低，应适度提高，在保证粮食安全的前提下，满足人民日益增长的美好生活需要。

第三，优化城镇用地在地区和城市之间的配置，推进市场化的跨省换地和利益分享机制。在人口、土地、资本、技术、数据等要素中，土地改革严重滞后。比如，中国补充耕地潜力主要在西部、东北地区，而需求主要在东部；人口、资本、技术等各种要素基本可以跨省流动，但耕地占补平衡、城乡建设用地增减挂钩等土地要素配置局限在省域乃至市域内部。2004年以前，上海等一些省市区之间曾有过"跨省换地"的尝试，但于2004年被叫停。2018年3月，国务院发布《跨省域补充耕地国家统筹管理办法》和《城乡建设用地增减挂钩节余指标跨省域调剂管理办法》，开始允许在中央统筹下的小规模跨省换地；但规定由中央统一下达调剂任务，统一确定调剂价格标准，统一资金收取和支出，本质仍是计划配置。2020年4月，党中央、国务院《关于构建更加完善的要素市场化配置体制机制的意见》将土地要素市场化配置放在五大要素的首位，反映了深化土地改革的紧迫性和决策层的决心，并要求"探索建立全国性的建设用地、补充耕地指标跨区域交易机制"。当然，在推进跨省换地过程中，必须注重耕地占补的数量和质量双平衡。

重塑经济优势

尽快全面放开并鼓励生育

任泽平：东吴证券首席经济学家

熊柴：恒大研究院副院长

马家进：方正证券宏观研究员

> 尽快全面放开并鼓励生育是"双循环"扩大内需和增加有效供给的非常重要的抓手。第一，摒弃人口是负担的观念，更加以人为本，加快促进人口长期均衡发展。第二，应立即全面放开生育，让生育权重新回到家庭。第三，加快构建生育支持体系，大力营造生育友好型社会环境，解除家庭生育的后顾之忧，让更多的人想生、敢生且把孩子养好。

少子化老龄化问题日益严峻，人口危机渐行渐近

人是经济社会发展的基本要素和动力，一切经济社会的发展都是为了人。人口因素变化缓慢但势大力沉，事关国家兴衰和民众福祉，中国少子化老龄化问题已日趋严峻，若不抓紧调整，将严重影响民族复兴和大国崛起。

虽然随着经济社会发展，全球生育率都在下滑，但中国因严格计划生育政策而下滑更快。1949年以来中国的生育政策从家庭自主发展到政府计划，从鼓励到严控再到放松，经历了四个阶段：1949~1953年鼓励生育阶段，限制节育及人工流产；1954~1977年宽松计划生育阶段，从节制生育到"晚稀少"政策；1978~2013年严格计划生育阶段，独生子女政策、"一孩半"政策、"双独二孩"政策，计划生育一票否决；2014年至今放松计划生育阶段，从"单独二孩"到"全面二孩"。中国的计划生育政策相较于其他国家而言十分严格，且执行时间长，加之改革开放以来中国经济快速发展，经济社会发生巨变，总和生育率从20世纪70年代之前的6左右，降至1990年的2左右，再降至2010年后的1.5左右。

新中国成立以来，中国先后出现三轮婴儿潮，分别为

1950~1958年年均2100万,1962~1975年年均2628万,1981~1994年年均2246万,之后2003~2012年逐渐下滑至1600万上下,其中2012年为1635万。第四轮婴儿潮原本应在2010年后出现,但因长期严格执行计划生育而消失。在上述背景下,独生子女政策终于有所松动,2013年末中央决定实施单独二孩政策,2015年末决定全面放开二孩,但效果不及预期,未能扭转生育低迷趋势。2016年出生人口达1786万,创2000年以来的峰值;但2017年下滑至1725万,2018年再下降200万至1523万,2019年为1465万(如图3-6所示)。从长期趋势看,

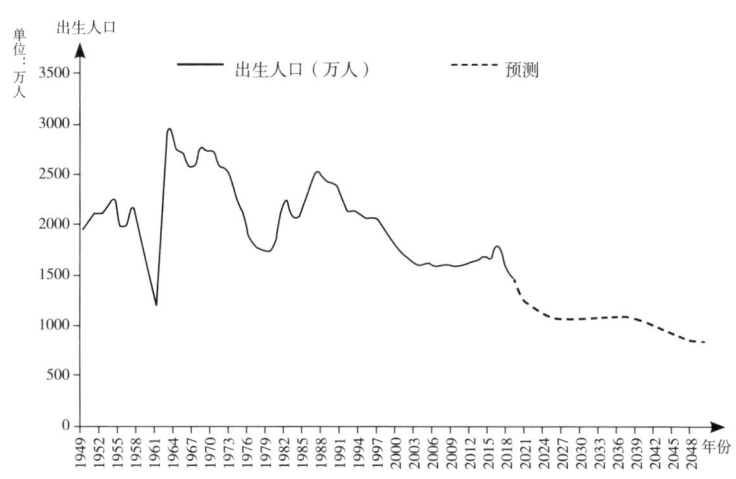

图3-6 中国出生人口处于快速下滑期
资料来源:国家统计局,恒大研究院

由于生育堆积效应逐渐消失、育龄妇女规模持续下滑,当前出生人口仍处于快速下滑期。从分孩次出生数占比看,二孩及以上孩次占比从2015~2016年的45%~47%骤升至2017年的58.6%,2018和2019年分别为58.7%和59.5%。没有一孩,哪有二孩、三孩,在生育堆积效应消失后,一孩出生数占比将恢复到高于二孩占比的常态。2016~2019年一孩出生人口大减近40%,跌至不到600万的历史低位,预示出生人口还将继续下滑。从育龄妇女数据看,2030年20~35岁育龄妇女规模将较2019年减少约28%,2050年将较2030年再减少约19%。中国出生人口将持续快速下滑至2028年的不到1100万,2029~2036年有所企稳,2037年后再持续下滑至2050年的800多万。

当前全球人口老龄化趋势明显,但中国老龄化速度更是前所未有。2001~2010年中国65岁及以上人口占总人口比重年均增加0.2个百分点,2011~2019年年均增加0.4个百分点。2019年中国65岁及以上人口占总人口比重为12.6%,较2018年上升0.7个百分点。从发达国家情况看,从65岁及以上人口占比超过7%的老龄化过渡到超14%的深度老龄化,法国用了126年、英国46年、德国40年、日本24年（1971~1995年）；从深度老龄化到老年人口占比超过20%的超级老龄化，法国用了28年（1990~2018年），德国用了36年（1972~2008年），日本用了11年（1995~2006年）。中国2001年65岁及以上人口占比超过7%，进入老龄化社会，预计将于2022年，即用21年进入深度老龄化社会，11年后即2033年前后进入超级老龄化社会，之后持续快速升至2050年的29.5%和2060年的35.2%，2084年达到约40%。

并且，由于人口基数大，中国老年人口规模也是前所未有。2019年中国65岁及以上人口已达1.76亿，预计2050年将达3.76亿，2058年到达4.14亿的峰值，届时大致每3个中国人中就有1个65岁以上的老人。此外，从人口年龄中位数看，1980~2015年中国人口年龄中位数从21.9岁升至36.5岁，预计2030年和2050年将分别升至43.0岁和50.7岁。从国际看，2015年美国、欧洲、日本和印度人口年龄中位数分别为37.6、41.4、46.4和26.8岁，到2050年将分别为42.7、47.1、54.7和38.1岁。到2050年，中国人口年龄中位数将明显高于美国、欧洲和印度，这也将制约其国际竞争力。

从全球看，在人类历史长河中，人口缓慢增长是常态，世界人口爆发式增长仅发生在1700~2100年的400年间，预计22世纪全球将进入人口负增长时代，人口千年未有之大变局即将到来。中国人口爆发式增长的窗口期更加短促，集中在1700~2022年的近300年间（如图3-7所示）。公元元年至1700年中国人口从0.6亿升至1.4亿，年均增长率仅0.5‰；1700~2019年中国人口从1.4亿升至14.0亿，增至10倍，年均增长率7.2‰。按照当前趋势估计，中国人口将在2022年前后达到峰值14.1亿，2100年降至约7.5亿，较峰值下降46.6%。

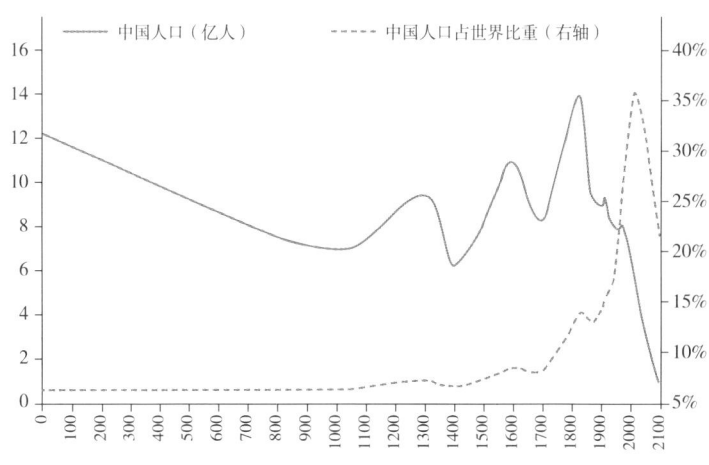

图3-7 中国人口爆发式增长的窗口期更短

资料来源：Maddison（2003），Clio Infra数据库，Gapminder数据库，国家统计局，恒大研究院

1827年中国人口占全球的比例高达35.4%，2019年降至约19%，2100年将降至约7%。

人口转型将引发中国经济社会深度调整

人口与经济发展相互作用，人口影响经济发展的机制主要在于：在供给端，人口通过劳动力（人口数量、人口素质、跨行业跨区域配置等）、资本（人口抚养比—储蓄率—投资率）、技术（人力资本和人口年龄结构—创新）三大生产要素影响经济；在需求端，人口不仅通过生命周期不同阶段消费行为影响经济，还通过人口总量的总需求影响经济。

从全球看，世界经济的爆发式增长几乎与人口的爆发式增长同步，也集中发生在近200年。根据麦迪逊项目数据库统计，公元元年到1700年，全球GDP从0.2万亿增至0.6万亿国际元（2011年国际元不变价，下同），年均增长0.07%。18世纪60年代第一次工业革命后世界经济高增长开始启动，1700~1870年全球GDP从0.6万亿增至1.9万亿国际元，年均增长0.65%。由于第二次工业革命涉及的地区更广，全球经济进一步腾飞，1870~2015年全球GDP从1.9万亿国际元升至108.1国际元，年均增长2.8%。

对中国而言，人口红利期庞大且年轻的劳动力和高储蓄率投资率带来的高资本投入，支撑改革开放后中国经济快速增长。人口红利期劳动年龄人口增加，抚养比下降，生产和储蓄多、消费少，导致中国储蓄率和投资率分别从1978年的38.6%和38.9%升至2010年的51.8%和47.9%，保证了实物资本的来源。据中国社会科学院副院长蔡昉1999年的测算，1978~1998年间平均9.5%的GDP增速中，实物资本的贡献达28%，劳动力数量增长的贡献达24%，人力资本贡献达24%，劳动力城乡转移贡献达21%，其他体制改进因素贡献为3%。蔡昉认为，对改革开放以来经济增长最大的贡献因素是资本积累，这得益于两个因素，即抚养比下降创造的有利于形成高储蓄率的条件，以及由劳动力无限供给特征维持的较高资本边际报酬率。劳动力投入数量增加，劳动者受教育程度提高，以及劳动力城乡转移，毋庸置疑是人口因素，因此以往的经济增长几乎全部与有利的人口因素相关。1949年以来中国出现了三轮婴儿潮，1962~1975年第二轮婴儿潮是改革开放40年的建设主力，中国依靠庞大且年轻的劳动力资源以及与之相关的巨大市场，快速成长为世界第二大经济体。

图3-8　中国出生人口影响20年后GDP增速
资料来源：国家统计局，恒大研究院

国际经验表明，刘易斯拐点和房地产长周期拐点驱动下，追赶型经济体将在人均GDP达11000国际元附近时进行经济增速换挡。日本劳动年龄人口占比1969年见顶、刘易斯拐点出现，房地产长周期拐点1969年前后出现，20~50岁主力置业人群开始接近峰值且增速放缓，1968~1978年间经济增速换挡。韩国劳动年龄人口占比1988年见顶、刘易斯拐点出现，房地产长周期拐点1990年出现，1989~2003年间经济增速换挡。中国劳动年龄人口占比2010年见顶、刘易斯拐点出现，房地产长周期拐点2013年前后出现，2010年后经济增速换挡。一方面，随着人口结构的变迁，社会中"正储蓄"的劳动年龄人口下降，而"负储蓄"的老年人增加，国民储蓄率从2010年的51.8%降至2019年的44.4%；劳动力和资金成本上升，投资增速受到制约，2010~2019年固定资产投资增速从24.5%降至5.4%，制造业投资增速从26.9%降至3.1%，基建投资增速从18.5%降至3.3%。另一方面，人口红利期劳动年龄人口占比高，供给大于需求，货物贸易顺差占GDP比重上升；随着刘易斯拐点到来，供给过剩程度减轻，货物贸易顺差占比也呈下降趋势，从2007年的峰值8.8%降至2019年的3.0%。

并且，人口年龄结构变化还将引发消费结构的变迁。根据生命周期消费理论，老年人平均消费倾向高，老龄化会提高消费占比但降低消费增速。随着16~59岁人口占比2008年达峰值，家庭消费占比2010年达谷值，2010~2019年家庭消费占比从34.6%升至38.8%，居民消费支出增速从14.9%降至9.0%。不同世代消费偏好存在差异，如80后偏好母婴、汽车，60后和70后偏好酒类，60前偏好医药保健等。人口年龄结构变化对不同行业影响各异，如20~50岁主力置业人群

2013年见顶，家电、家具、建筑装潢等地产相关行业合计消费增速2010年见顶；25~45岁主力购车人群占比2003年见顶，汽车销量增速在波动中下滑，2018和2019年连续两年负增长，但新能源汽车潜力巨大；老龄化促进医疗保健消费占比从2013年的6.2%升至2019年的8.1%。

政策建议：尽快全面放开并鼓励生育

尽快全面放开并鼓励生育是双循环扩大内需和增加有效供给非常重要的抓手。

第一，摒弃人口是负担的观念，更加以人为本，加快促进人口长期均衡发展。人口是一个国家国力的重要支撑和标志。从中国历史看，人口增长往往是盛世的一个重要标志，开元盛世、康乾盛世等莫不是人口高峰。从国际上看，印度被不少人认为发展潜力巨大，无非是其巨大的人口规模和非常年轻的人口结构。2015年印度人口年龄中位数仅26.7岁，而中国和美国分别为37.0和37.6岁。到2050年，中国人口年龄中位数将达50岁，而美国和印度分别为42.3和37.5岁，中国能够依靠这样的人口结构实现民族复兴吗？

第二，应立即全面放开生育，让生育权重新回到家庭。全面放开生育，将是否生育、生育几个孩子、什么时候生育的权利还给家庭，由每个家庭自主决定生育的孩子数量。"立即"是因为人口形势紧迫，当前正处于第三波婴儿潮中后期出生人口的生育窗口期。第三轮婴儿潮的峰值在1987年，中后期出生人口尚处于35岁之前的主力生育年龄，特别是1990年后出生的人口尚处于25~29岁最佳生育年龄。一旦错过第三轮婴儿潮，未来再想提升出生人口，则将事倍功半。而且，全面放开，宜早不宜晚，必须尽快。全面放开生育，原本不想生的人还是不会生，但一些想生三孩的人能生，不用担心部分人群、部分地区会大幅多生导致出生人口激增。

第三，加快构建生育支持体系，大力营造生育友好型社会环境，解除家庭生育的后顾之忧，让更多的人想生、敢生且把孩子养好。一是实行差异化的个税抵扣及经济补贴政策，覆盖从怀孕保健到18岁或学历教育结束。二是加大托育服务供给，大力提升0~3岁入托率从目前的4%提升至40%，并对隔代照料实行经济鼓励。三是进一步完善女性就业权益保障，并对企业实行生育税收优惠，加快构建生育成本在国家、企业、家庭之间合理有效的分担机制。四是加强保障非婚生育的平等权利。五是加大教育医疗投入，保持房价长期稳定，降低抚养直接成本。

第四章
双循环带来的机遇与挑战

后疫情时代,全球经济共同下探,主要国家纷纷实施量化宽松政策,集体"放水"。美国金融安全岛地位下降,中国经济安全岛权重上升。双循环面临挑战,同时也带来无限机遇。本章选取程实、徐建明、玉名的文章,分析从宏观到微观,产业和国家如何突围,并从股市、数字货币、金融投资等角度建言献策。

中概股回归助力双循环互动

程实：工银国际首席经济学家

> 疫情之下，全球金融市场乱象丛生，波动中的不动点已演变为全球投资者追逐的稀缺标的，中概股回归大幕开启，阿里巴巴、京东、网易率先登陆港交所，成为市场追捧的对象。从长期看，中概股回归将成为中国经济构建和完善升维竞争双循环的重要组成部分。

"云闲望出岫，叶落喜归根。"疫情之下，全球金融市场乱象丛生，波动中的不动点已演变为全球投资者追逐的稀缺标的，人民币资产保有相对韧性；中概股回归大幕开启，阿里巴巴、京东、网易率先登陆港交所，成为市场追捧的对象。在保护主义和市场杂音之下，中概股回归固然有避免地缘风险、兑现估值红利的考量，但我们认为，其长期将成为中国经济构建和完善升维竞争双循环的重要组成部分：其一，经历过全球投资者检验的中概股是中国最具活力和想象空间的可投资产，其回归本土意味着中国投资者有机会直接投资国内优质标的，也将进一步推动优质人民币核心资产的形成；其二，中国经济应对短期挑战、迎来长期蜕变的发展路径孕育出以民生、科技、金融为三个顶点且彼此交互的投资"黄金三角形"，回归的中概股有望凭借新经济、低重心、高增长成为塑造这个"三角形"的黏合剂；其三，中概股回归进一步打通了内地和香港资本市场的互联互通机制，并形成了良好的示范效应，为更多中国企业结合自身需求充分利用不同市场优势、整合境内外资源提供了前所未有的新机遇。

匹配投资需求与标的供给，中概股回归打造优质人民币核心资产。2019年11月以来，随着阿里巴巴、京东、网易三家中概股龙头企业以两地上市的方式登陆港交所，中概股回归中国资本市场的步伐大幅加快，中国新经济的未来走向备受市场瞩目。事实上，在海外上市的中资企业，尤其是本世纪以来中国新经济蓬勃发展进程中所培育出的大量"独角兽"企业一直受到全球投资者的青睐。以在美上市的中概股为例，2009年至今的美股历史性长牛中，代表中国新经济的中概股表现系统超越基准。对比在纳斯达克和纽交所上市的中概股，前者以近10倍的涨幅大幅领先于纳斯达克指数，而后者则走势偏弱且落后于纽交所综指（如图4-1所示）。我们在《海外投资中国的量化逻辑："高α"+"低β"》一文中指出，疫情按下了中国经济由高速增长转向高质量发展的快进键，双循环发展的新格局将有效连接起两个市场、两种资源，加持中国资产成长为新时代更具有稀缺性、值得超配的α。在此背景下，中概股回归有着更具确定性的内涵：一方面，经历过全球投资者检验的中概股是中国最具活力和想象空间的可投资产，其回归本土意味着中国投资者有机会直接投资于国内优质标的；另一方面，中概股回归会通过"鲶鱼效应"强化中国资本市场的优胜劣汰，这将进一步有助于形成优质的人民币核心资产，增加对于海外投资者的吸引力。

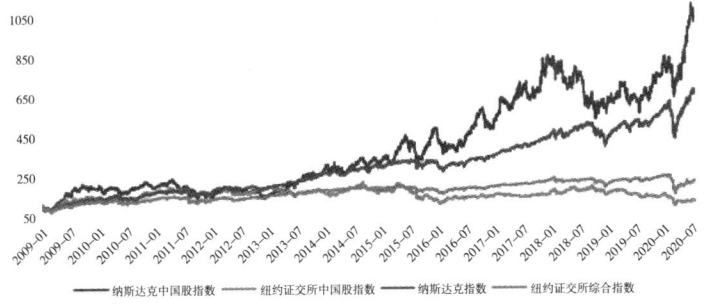

图4-1 代表中国新经济的在美上市中概股表现系统超越基准
资料来源：Wind和作者的计算，以2008年末为100

推动数字经济与产业转型，中概股回归夯实金融与实体互惠关系。从长线看，中国经济身处由"增速"向"增质"切换的关键十字路口，而数字经济将扮演至关重要的角色。新兴与科技产业成为要素配置效率提升的关键驱动，也有望促成未来40年资本市场的长周期繁荣。2020年4月，《关于构建更加完善的要素市场化配置体制机制的意见》发布，首次将数据列入生产要素，有益于挖掘数据价值，改善其他要素的配置效率。而随着新基建支撑起产业互联网的运行框架，数字经济承担起短期稳定需求、长期推动转型的双重职责，成为产业和消费升级的重要基石。我们在《长线投资中国的"黄金三角形"》一文中指出，中国经济应对短期挑战、迎来长期蜕变的发展路径孕育出投资主线清晰的"黄金三角形",其三个顶点分别为民生(对应大健康和大消费)、科技(对应新基建和先进制造)、金融(对应金融改革开放深化),而三条边则是以上三个顶点的彼此交互,民生科技对应在线活动的下沉和升级,金融科技对应To B和To C的均衡发展,民生金融对应普惠金融的发力和基建分布的均衡。中概股回归有望成为塑造这个"三角形"的黏合剂:其一,构筑"资本市场—实体经济"正向循环,支撑中国新经济和硬核科技的可持续发展;其二,吸引社会资本向直接融资模式倾斜,推动资本市场长周期发展;其三,产品/服务重心下沉和高增值潜力将强化居民财富效应,增加对实体经济的有效需求。

统筹离岸与在岸市场优势,中概股回归助力内外双循环良性互动。中概股回归的制度框架早在两年前就已基本确立:2018年3月,国务院同意证监会《关于开展创新企业境内发行股票或存托凭证试点的若干意见》,允许境外注册的红筹企业在境内发行股票,并推出中国存托凭证(CDR),还围绕创新企业的盈利情形和公司治理特征进行针对性制度安排；2018年4月，港交所《上市规则》第18A章也正式推出IPO新规，其核心在于允许同股不同权架构的公司和未盈利的生物科技公司赴港上市。这些通道的设计不仅推动了小米和美团赴港上市，促进了阿里巴巴、京东、网易回港"第二上市"，也便利了中芯国际等企业在内地和香港两地上市，为中国企业充分利用不同市场优势、整合境内外资源提供了前所未有的新机遇。随着新经济龙头率先回归的带动效应，更多企业将结合自身需求主动选择上市的方式和场所：当前，从美国回归香港第二上市的中概股为市场提供了良好的示范，阿里巴巴的股价自去年11月上市以来相对恒生综指的累计超额收益逾30%；回归中概股的成交也较为活跃，其成交额占比现已接近10%（如图4-2所示）。展望未来，中概股回归将推动在岸和离岸市场优势互补，一方面，通过日益彰显中国元素带来内在聚变，巩固香港作为中资企业境外融资中心的地位，推动香港从投资内地的虚体转变为投资中国的实体；另一方面，通过互联互通机制进一步促进两地资金融通和深度挂钩，发挥香港作为大湾区之特区服务内地市场的长期功能，进而带动大中华地区经济圈之间更为良性的互动。

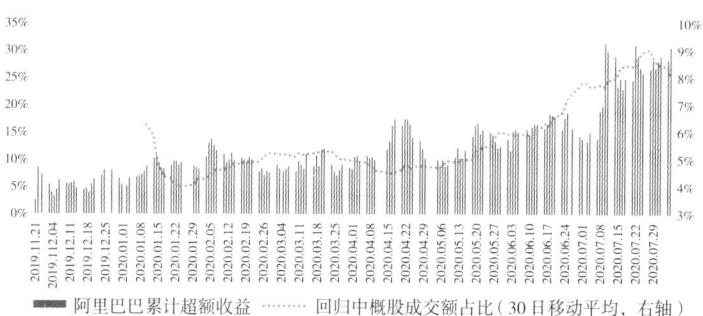

图4-2 从美国回归香港第二上市的中概股为市场提供了良好的示范
资料来源：Wind 和作者的计算

重塑经济优势

DCEP——经济内循环的未来加速器

程实：工银国际首席经济学家

> 疫情时代，全球货币政策已陷入多重困境，如何加力支撑内循环成为各国难题。对此，中国DCEP的发展有望从新角度提供解题之钥。DCEP的未来应用预计将加速中国经济内循环运转，在巩固经济基本面韧性的同时，中国经济金融有望长期保持独特而稀缺的配置价值。

"桐花万里丹山路，雏凤清于老凤声。"全球疫情正在长趋势地阻滞世界经济外循环，向内循环挖掘经济潜力成为大势所趋。但是，疫情时代全球货币政策已陷入多重困境，如何加力支撑内循环成为各国难题。对此，中国DCEP的发展有望从新角度提供解题之钥。一方面，以DCEP为支点，货币政策的数字化升级有望拓展政策空间，提高政策直达性，并跨越"流动性陷阱"，进而提升逆周期调控效力；另一方面，DCEP有助于对外形成人民币的电子货币区，对内深入内循环的短板领域，由此将抵减外部政策干扰，保持政策独立性与内生性。基于上述效应，DCEP的未来应用预计将加速中国经济内循环运转，在巩固经济基本面韧性的同时，进一步强化人民币资产的"高α+低β"属性。由此在疫情时代，中国经济金融有望长期保持独特而稀缺的配置价值。

DCEP求解内循环难题

展望疫情时代，全球疫情长期延续，叠加保护主义、民粹主义、大国优先主义的持续高涨，将长期阻滞世界经济的外循环。向经济内循环挖掘新潜力，将成为这一时代的必由之路。但是从政策层面看，各经济体长期依赖的传统货币政策体系已经遭遇两大难题，对内循环的支撑日渐疲弱。

第一，政策空间承压。首先，压力来自货币政策自身。2020年上半年全球央行开启新一轮降息潮，至今累计降息逾

200次,众多发达经济体已经进入零利率或负利率状态,政策空间逼近极限。其次,财政政策也在挤压货币政策空间。在疫情冲击、经济衰退、金融风险的三重压力下,各国政府的赤字与负债水平已经连创新高。据IMF最新预测①,2020年全球公共债务占GDP的比率预计将升至101.5%,为有史以来最高水平。财政政策的窘况,使其非但不能分担货币政策的压力,甚至还将增加货币政策的负担。疫情演变至今,全球对MMT理论和财政赤字货币化的讨论日趋热烈,该政策本质上是将财政压力转移给央行。但是,即使不考虑巨大的政策成本,财政赤字货币化归根结底需要货币霸权作为背书,因此难以广泛地适用于非美经济体,新的解题路径有待发掘。

第二,政策独立性受损。2008年国际金融危机之后,全球经济金融体系对美元流动性的依赖呈现系统性增强。上轮危机余波未尽,新一轮疫情危机再度引发美联储的超级宽松潮,预计将进一步提升这一依赖性,进而对非美经济体的货币政策造成更大的外部干扰。情景一,若美国疫情治理长

---

① Vitor Gaspar, Gita Gopinath. Fiscal Policies for a Transformed World [R]. IMF, 2020.

期落后，并最终引爆本国金融风险，则将催生美元流动性危机，导致全球流动性被动收紧和金融市场暴跌。即使是疫情治理领先、经济稳定向好的经济体，也将被迫重启货币宽松，其情景与2020年3月相似。情景二，若美国疫情走向平息，未来美联储将主动收紧流动性供应，此时疫情治理落后于美国的经济体，将被迫跟随并提前结束货币宽松，否则将遭遇资本外流、货币危机和外债风险的复合冲击，其情景与2015~2018年新兴市场货币危机相似。

旧工具难以破解新问题，新一轮政策工具创新正当其时，央行数字货币有望成为破局关键。在这一方向上，2019年已完成顶层设计的DCEP具有先发优势。尤其是2020年3月全球疫情升级之后，DCEP走向实际应用的步伐明显加速。4月，DCEP在深圳、苏州、雄安新区、成都及未来的冬奥场景先行开展封闭试点测试；7月，央行与多家互联网企业达成战略合作，共同探索DCEP在更多生活场景中的应用，推动数字经济和实体经济的融合发展。展望未来，我们认为DCEP有望用好中国数字经济在全球视野下的相对优势，深度重塑货币政策体系，系统性地拓展政策空间、有效性和独立性，从而为中国经济内循环进行长效化赋能。

DCEP 打开货币政策新空间

从内部来看，以DCEP为支点，货币政策工具的数字化升级有望从三个层面拓展政策空间，提升政策效力。

第一，加速普惠金融深化。在技术层面上，DCEP具有降低交易成本、提高征信效率、强化支付便利的作用。基于此，央行能够进一步推动金融科技有序发展，加速金融行业数字化转型。一方面，这将优化金融市场信息匹配、风险定价的能力，从而纾解中小微企业、低收入群体等弱势主体的融资瓶颈；另一方面，基于DCEP支付结算的金融服务具有更广泛的可得性，能够助力欠发达地区、长尾人群更便利地接入国内资金融通的内循环。根据北京大学数字普惠金融指数[①]，2011年至今，数字化驱动的普惠金融保持稳定的上升趋势，并有助于缩小传统金融造成的地区性差异。

第二，加强货币政策直达性。在广泛应用之后，DCEP有

---

① 北京大学数字普惠金融指数(2011–2018)[R]. 北京大学数字金融研究中心. 2019.

望为中国货币政策创造出更具穿透力的直达性工具。其一，DCEP 有望为央行提供更为详尽的资金内循环信息，并通过定向使用、智能合约等内嵌功能，实现流动性投放的精准化、结构化，并抑制资金的套利空转。其二，通过持有DCEP，个人与企业实际上在央行开立了独立的数字货币账户。由此，在一定情景下，央行可以向符合条件的部分个人与企业直接投放流动性，从而绕过中间的政策传导梗阻和金融机构顺周期性，使政策效力直达内循环的末梢。

第三，跨越"流动性陷阱"。作为货币政策的传统枷锁，"流动性陷阱"有望在两个层面被DCEP所抑制。其一，根据学术研究①，随着居民持有数字货币的账户规模扩大，负利率的下限空间将大幅拓展。极端政策下利率零值底线的消解，则意味着在常规政策下，零值上方的"流动性陷阱"也将由刚性转为柔性，对常规货币政策的束缚减弱。其二，基于中国人民银行数字货币研究所的专利技术，在一定条件下，央行能够根据回收时点的经济信息调整金融机构的数字货币归还利率。这

---

① The Impact of Digitalisation on the Monetary System [R]. European Parliament, 2019.

意味着经济衰退时期捂币惜贷的金融机构或将触发"惩罚性利率",促使其加速将资金投入到实体经济的内循环之中,最终削弱"流动性陷阱"。

DCEP 维护货币政策独立性

从外部来看,在"IS-LM-BP"模型的视角下,随着疫情时代中国金融开放加速扩大,中国货币政策的独立性将面临新挑战。对此,DCEP 有望做出两方面贡献。

第一,数字货币将引起新一轮的、新赛道上的"货币替代",形成跨国家、跨地域的电子货币区。面对这一历史潮流,如果选择全方位对接由美国市场主导的数字货币体系,例如Libra 2.0、数字美元1.0 等,则将进一步强化对美元流动性的依赖性。反之,如果DCEP 能够抢抓这一历史机遇,与"一带一路"建设、全球价值链重构相结合,则将在新赛道上推动人民币国际化进程和网络效应,这将在数字货币时代提前构建金融"护城河",减弱美元流动性的大起大落对中国货币政策的外溢冲击。

第二,借助于经DCEP 强化后的直达性工具,国内货币政策能够结构性地深入内循环中的短板领域,包括中小微企业、低收入人群等。而受制于逐利性,国际资本流动难以触及这些领域。由此,在这些短板领域,国际资本流动并不完全,学术理论上的利率平价机制难以运转,其对国内货币政策的束缚被部分打开。得益于此,即使在未来跨境资本流动更加开放、全球货币政策大幅转向的情况下,中国货币政策依然能够结构性地为短板领域提供流动性和利率支持,并不必担忧触发汇率波动和资本外流风险。总体而言,基于DCEP,中国货币政策预

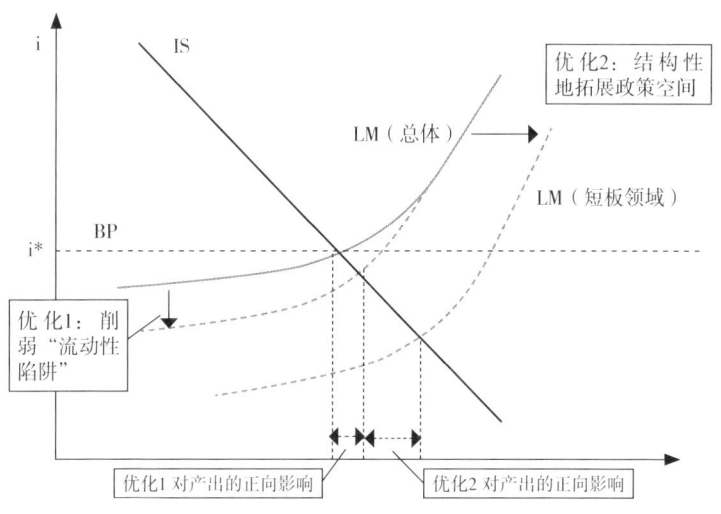

图 4-3 央行数字货币对货币政策的优化效应
资料来源:作者绘制

计将位于一个优化后的"IS-LM-BP"模型之中（如图4-3所示），其独立性料不会因金融开放而减弱。

DCEP驱动长期价值逻辑

展望未来，通过重塑货币政策的工具和能效，DCEP有望长效化地加速中国经济内循环。伴随这一进程，中国经济金融在全球投资格局中的功能与定位也将发生长趋势变革。

第一，夯实中国经济的相对韧性。在全球货币政策遭遇两大难题的背景下，得益于DCEP的助力，中国货币政策未来有望一方面拓展结构性的政策空间，另一方面则维持自身独立性和内生性。基于此，疫情时代下，中国经济修复领先全球的趋势将得到进一步增强，内循环对外部政策冲击的抗干扰性亦有提升。中国经济的相对韧性，将成为全球疫情乱局中的"稳定锚"，并为全球投资者所青睐。

第二，强化人民币资产的特殊属性。在疫情时代，全球对美元流动性的依赖加强，叠加未来数字美元形成的新一轮"货币替代"，未来全球大类资产的波动将与美元流动性联系得更为紧密。由此，美国市场将继续驱动着全球性情绪起

落的 β，并且其主导作用料将进一步强化。与之不同，基于内循环的相对韧性和政策的独立性，人民币资产将进一步凸显"高 α + 低 β"属性，即在提供超额收益率的同时，保持与全球其他资产波动的低相关性。由此，在疫情时代全球金融"高频次、大振幅、强传染"的风险局势下，人民币资产的独立行情将呈现出稀缺的配置价值。

数字货币的公私安排

程实：工银国际首席经济学家

> 自现代货币体系建立后，货币发行便始终由政府部门主导。双循环格局之下，DCEP主导的公私合作的货币支付模式，将激发国内升维消费潜力，对接线上服务向海外辐射。私营部门也将分阶段分行业地受益于这一进程，而促进供需双向繁荣的企业/行业有望脱颖而出。

2020年7月，中国人民银行数字货币研究所与滴滴出行正式达成战略合作协议，此前已经展开合作的企业还包括美团、B站、华为和商汤科技。自现代货币体系建立后，货币发行便始终由政府部门主导，此次DCEP却与私营部门牵手，标志着未来数字货币将演变为公私解决方案的混合体。无独有偶，Libra 由 Facebook 为首的纯粹私营部门发起，却在实际发行过程中逐步向政府部门倾斜，在白皮书2.0中不仅增加以单一法定货币为锚的选项，还将自身定位于央行数字货币的服务提供商。DCEP 拥抱私营部门，Libra 转向政府服务，相互学习中未来数字货币已雏形初现。从货币发行层面，私营部门的介入与数字经济时代相适应，确保法币的实用性与可用性；而从数字支付层面，公有部门的参与则有望遏制过度寻租，以支付普惠平衡数字经济新生态。双循环格局之下，DCEP 主导的公私合作的货币支付模式，将激发国内升维消费潜力，对接线上服务向海外辐射。而私营部门也将分阶段分行业地受益于这一进程，在 DCEP 推广初期，拥有广泛用户基础的互联网龙头企业成为潜在合作对象。而在 DCEP 串联起数据要素的流动之后，其普惠性精简支付生态，基于存量匹配的用户优势将逐步弱化，而促进供需双向繁荣的企业/行业有望脱颖而出。

央行数字货币研究所与滴滴出行等各领域领先科技企业开展合作。DCEP 此番与私营部门合作，和传统认知中政府主导的CBDC（central bank digital currencies）出现背离，但却与Libra的设定不谋而合。Libra是由拥有30亿全球用户的Facebook牵头、多个网络遍布全球的大型企业合作发布的项目，现存的商业变现场景是Libra迅速获得推广的保障。相较美国，中国科技企业的海外用户仍不具规模，但基于国内人口红利，微信、支付宝等用户数量已达10亿数量级，在数字经济的网络效应上居于世界领先地位，将有助于DCEP在应用场景加速渗透。反观Libra，则因纯私营背景深受合规困扰。鉴于其资金都需托管在受美联储或其他主权当局监管的银行，Libra推出计划在监管阻碍下一再推迟。2020年4月，Libra在白皮书2.0中充分展现出与公有部门合作的意愿，除了增加锚定单一法定货币的选项，还首次提出致力于成为政府CBDC的服务提供商。DCEP与Libra起初是互相反制的工具，代表着公与私两股力量在货币体系中的争夺，最终却互相学习，成为公私合作的典范。

货币发行层面，私营部门的介入将有助于拓宽未来货币格局。以第一次世界大战爆发为诱因，人类社会正式从金本位制过渡至信用货币体系。黄金主要承担支付手段的功能，被视为商品货币，而各国政府发行的法币则是标准的信用货币，以负债（储备资产）为信用背书。信用货币体系下，政府的角色得到增强，美元以国家实力为后盾，与石油挂钩凸显商品货币价值，进一步强化了公有部门在货币发行上的绝对主导地位。货币体系的演变同时折射出了以财政和货币为双塔体系的经济政策变迁，凯恩斯主义在现代货币体系中由此得到长足的发展。然而，自2008年金融危机发生后，货币政策便一直难以回归常态，对政府超发货币的担忧迭起。而互联网繁荣则形成新的货币使用场景，部分实现了自由市场的假设，助推了私人力量的加入。嫁接于互联网之上的虚拟产品与服务是数字支付诞生的源头，在政府尚未推出数字形态的货币时，私营支付机构借助自身天然流量优势，填补了这一空白。而伴随这一升维空间的持续拓展，可以预见数字形式的新型货币已是未来的大势所趋。Libra横空出世，更是衍生至跨越国界与主权，引起各国政府的警惕。当货币新选项出现，货币发行方除了保证货币币值稳定的既有目标之外，还需要额外考虑如何在商业场景中渗透，从而保证货币的实用性与可用性。而虚拟产品与服务提供者的私营部门，也随之成为新一代货币体系的必要补充。

数字支付层面，公有部门的参与有望平衡数字经济新生态。与货币发行不同，数字支付是一切商业机构变现的必经通道，虽然本身业务利润微薄，但掌握话语权与潜在商机是私营部门的兵家必争之地。然而，数字支付的网络效应，促使私营部门存在过度寻租的可能，或从两个方面抑制私营部门的创新。在扩张初期，支付机构借助派系竞争占据市场份额，要求商家采用排他性支付方式，增加用户流失与损耗。在圈地完成后，则会利用网络效应抬升议价能力，在个人用户提现与信用卡还款等缺乏商业场景直接变现的领域征费，已从侧面体现出私营机构寻租的潜质。上述情形有悖普惠金融，也在过度商业化中抑制了私营部门其他行业参与者的发展。在宏观审慎层面，政府发行数字货币，其维护主权、创新财政货币政策工具与精细化管理金融风险的好处不言自明。但我们发现，即使是在社会福利与微观层面，政府部门参与数字支付能够有效抑制过度寻租，以自生态平衡成本收益，更有利于营造私营部门的创新环境。根据Libra白皮书2.0，Libra币不对持有者付息，"储备资产的正利息将用于支付系统成本，确保交易的低费用，增加所需的资本缓冲，并支持增长和采用"。相比之下，政府部门运作的成本收益来自不同路径，有望优化社会福利的分配。DCEP是央行完全掌握货币发行权的中心化货币，但在承接法币体系之外，兼任由政府部门提供的支付基础设施。其与私营部门合作，在微观层面将类似Libra联盟，通过共享用户的方式打破"非此即彼"的竞争观，激励企业从存量博弈进阶至升维合作。而赋能私营部门新增创造的税收收入，用于反哺数字货币基础设施的运营及开发费用，也似乎更为合理。

从DCEP的公私合营看投资机遇，表现为分企业分阶段受益。在DCEP试运行及快速推广阶段，拥有广阔用户基础的互联网龙头企业，将更有可能与DCEP形成合作关系，良性互促格局下成为第一批受益者。但在DCEP进入常规使用阶段后，流量优势将逐步弱化，商业化领域的支付加速精简，私营部门的升维合作将成为新生态。从支付领域看，与Libra类似，DCEP致力于促进金融普惠，使支付成为无门槛、无歧视、触手可及的服务，因此支付中间环节将尽可能简化。伴随公有部门的加入，第三方支付机构也将绕开资源的争夺，转而聚焦支付体验的优化与增值服务的深耕。从其他商业领域看，双循环格局之下，公私合作的货币支付模式将从升维层面激发国内消费潜力，并预备对接线上服务向海外辐射。在把握消费下沉的现实空间外，DCEP 提供了一种新型选择，意在拓展不受资源禀赋约束的互联网产品与服务虚拟空间。因此，相比此前专注高效匹配的企业，在双重空间中拓展供需的企业将更具投资价值。正如此前报告《宏观平台性数字经济的估值逻辑》中所述，拼多多的成功让我们看到小企业突围的可能性，也标志着资本市场对互联网企业的流量认可逻辑正发生质变。DCEP 所带来的普惠支付生态下，这一趋势将继续加速，未来能够慧眼开拓新空间、促进供需双向繁荣的互联网企业/行业，估值空间更值得期待。

发展新格局，财富新思路

徐建明：恒星理财顾问创始人

> 双循环的新发展格局可以看作我国经济发展的升级版。在这样一个发展新思路、新格局的大背景下，我们个人和家庭要顺势而为，抓住机遇，实现个人财富的保全和成长。

近年来，我们最常听到的关于我国经济的描述就是中国已经是世界第二大经济体了，进一步，我国还是世界第一制造业大国和世界第一贸易大国。与这些炫目的成就对应的是：尽管中国GDP已经是美国的2/3了，但以2018年的数据分析，美国的人均可支配收入是我们的8.4倍，人均消费支出是我们的15.2倍。现在，我国有6亿人口人均可支配收入还不足每月1000元。把这些数据结合在一起，我们可以对我国的经济结构得出以下结论：

一、中国人民辛苦一年最终创造出来的财富，能够直接支配的比例很低，不到一半；而美国这个数据是3/4以上。

二、中国人民到手可以支配的财富，尽管已经不多，但还不敢都花掉，而是把将近40%储蓄起来。为什么储蓄率那么高？这中间固然有中国人勤俭持家的生活习惯，无疑也有为了应对养老、教育和医疗这"新三座大山"的无奈。

三、财富分配不均方面，我国目前比起美国有过之而无不及。美国的主流人群是中产阶级，而中国的主流人群还处于中低收入水平。

四、中国第三产业在经济中的占比刚刚达到一半，制造业占比仍然高达40%。制造业强大固然是我们的优势，但制造业和进出口的世界第一意味着我们的经济对外部需求的依赖。我们的经济成果，自己享用的不多。多年来我们一直强调扩大内需，但内需仍然没有与我们的经济同步成长。

在这样的经济结构下，2018年美国贸易保护主义抬头，发动了主要针对中国的贸易战，全面破坏经济全球化的大趋势。2020年一场突如其来的新冠疫情席卷全球，将世界各国隔绝起来，进一步重创了全球经济贸易。一个"灰犀牛"再叠加上一个"黑天鹅"，让世界经济遭受重创，尤其对于外向型经济的中国影响至深。

近期，党中央明确提出"加快形成以国内大循环为主体、国内国际双循环相互促进的新发展格局"，正是针对我国面临的经济紧迫形势而提出的应对当前全球复杂经济形势的破题之举。这是我国未来中长期经济发展思路的重大转变，也是近年经济大变局下的必然选择。双循环的新发展格局可以看作我国经济发展的升级版。国内国际循环是相互促进、相辅相成的，不是要自我封闭，而是要以我为主，争取主动。因而双循环的重点是要提升国内消费的数量和质量。在这样一个大的战略转变中，未来我国宏观政策定当坚持保障和改善民生，持续激发内需动力，切实提升居民的实际购买力和消费需求，不断改善营商环境，积极重构新型全球产业链。

从发展模式角度看，我国今后的经济发展要在重视外需的基础上更加积极地扩大内需，降低外部环境变化对我国经济增长的影响。今后中国经济发展内需的中长期战略地位将不断提升。扩大内需不是过去的简单重复，而是要坚持结构调整的方向，依靠科技的创新，寻找经济增长的新动能，形成更多新的增长极。这是"以国内大循环为主体"的重要内涵，也是中国当前阶段谋划下一步发展必要的途径。

在此经济发展的大战略下，我们可以预期未来国家的经济政策将会出现以下几方面的变化：

一、实行多年的计划生育政策将会出现实质性的转变。从之前的限制生育到全面放开乃至鼓励生育，将会在未来几年中逐步稳妥地进行调整。人口不仅是财富的创造者，而且是财富的消费者，拉动内需最直接的方式就是增加消费人口。我国实行了多年严格的计划生育政策，在当时确实降低了社会抚养比，有利于经济的增长，但多年形成的副作用也益发明显：人口的老龄化正迅速成为我国经济增长最大的障碍。人口的老龄化对经济的影响是多方面的，包括但不限于以下方面：第一，劳动力人口减少。第二，社会抚养比迅速上升。第三，社会储蓄率下降。第四，全社会创新动力不足。第五，未来人口再生产能力下降。第六，社会消费水平下降。第七，全社会医疗负担迅速上升。为了化解老龄化对经济的影响，生育政策的调整已经迫在眉睫。生育政策的调整除了全面解除对生育的限制以外，还应该切实解决年轻人"不愿生、生不起"的实际问题。目前，全世界几乎所有的中等以上发达国家都对生育孩子的家庭给予金钱上的补贴和时间上的照顾。

二、鼓励科技创新。改革开放以来，中国老百姓的消费从80年代的吃穿到90年代的用，再到21世纪前20年的行和住，短短的40年时间，中国人在吃穿住行等生活各个方面的需求都有了全面的扩大和提升。接下来要进一步拉动内需，显然不能简单地在消费数量上提高，而是要挖掘出新的需求。而新的需求的拓展就需要从供给端上下功夫，在科技创新上下功夫，研发出新的产品，开拓出新的需求（比如智能手机的发明对各行各业的带动）。

三、切实提升中低收入人群的收入水平，让普通民众有更多的获得感，能够更多地享用改革开放的成果。这不仅是进一步推动经济发展的持续动力，也是发展经济的根本目的所在。要实现这一目标，无疑应该将就业放到经济发展目标的首要位置，想尽一切办法提高全社会的就业水平。开拓多种就业模式，大力发展民营经济和第三产业，鼓励民众自主就业、自主创业。全面深化改革社会分配制度，一方面要进一步解决社会分配的不公，逐步降低贫富差距；另一方面也要提高社会财富由民众直接支配的比例。中国人直接可支配的收入不到其创造的财富的一半，这不仅与发达国家差距较大，甚至低于世界平均水平，而且与我国当前的社会经济发展水平严重不符。

四、全面提升社会保障体系的覆盖面和保障水平。让民众都能够享受到社会保障，尤其是解除底层民众的后顾之忧。推翻看病、教育和养老这压在中国普通民众头上的"三座大山"，让大家不仅能挣钱，而且敢花钱。

以上几个方面的逻辑思路是非常简单、清晰的，第一是提升消费主体的数量，第二是拓展消费主体的消费欲望，第三是让消费主体有能力将消费欲望转化为切实的消费需求。国内的消费真正起来了，不仅会提升消费端，也必将刺激到生产端，而供给端的提升又会进一步刺激消费端。这样整个内循环就转起来了，而且形成正反馈效应。

这次中央最高层面明确提出以内循环为主的双循环驱动系统，就是基于这个背景和逻辑提出的对经济的指导方向。我们相信后续围绕这个大的经济发展方向和战略，一定会适时地推出一系列具体操作层面的政策和举措，来推动经济的循环。

本文的立足点不是给政府决策层面提意见和建议，而是从普通民众的角度来思考在这样一个发展新思路、新格局的大背景下，我们个人和家庭如何顺势而为，抓住机遇，实现个人财富的保全和增长。

在此，我给个人和家庭的财富管理者，以及为个人和家庭做财富管理的专业人员提几点个人的建议，供大家在做个人财富管理时参考：

第一，物极必反，否极泰来。当别人贪婪的时候，我们要恐惧；但当别人恐惧的时候，我们要开拓。当此时刻，在大家都说现金为王、保全实力的时候，我倒觉得我们到了可以更积极进取一点的时候。20世纪90年代初，中国也处在内部和外部经济环境恶化的大背景下，但正是在那样的背景之下，中国人民迸发出了无与伦比的创造力，实现了经济的腾飞。直到现在，社会上获得财富巨大成功的那批人还被冠以"九二届"。正是他们在我们最困难的时候筚路蓝缕、开拓创新，为中国经济杀出了一条血路，实现了中国经济的腾飞，也让自己获得了财富的巨大成功。

第二，增加股权投资。中国老百姓的财富70%在房地产上，剩下的30%中有70%在货币市场。老百姓拥有的股权类资产比重不足5%，而货币资产、股权资产、房产资产应该成为我们家庭资产中的核心资产。就像建筑中的核心材料是混凝土，必须把水、沙子和水泥三者按一定的比例混合，才能够形成坚硬又不易碎的建筑材料。水不够则无法凝结，沙子不够则硬度不够，水泥不够则易碎。在家庭资产中，各类资产的配置也要有合理的配置。中国人家庭的核心资产中的股权资产的比重明显过低，是时候逐步增加家庭资产中股权类资产的比重了。当然，对于高端财富人士，其持有股权类资产的方式有很多，比如拥有公司、拥有私募股权、参股别人的企业等都可以获得股权类资产。但对于普通老百姓来说，通过股票二级市场购买股票就是增加个人股权类资产的主要方式。当然，通过股票二级市场购买股票的方式也有两种：

一种是直接在二级市场买卖股票,另一种是购买基金,将钱交给专业的股票投资机构,让他们来帮助投资股票,从而间接地持有股权资产。对于我们普通的工薪阶层来说,通过购买基金的方式来投资是最合适的。毕竟股票投资是一项专业的活儿,专业的事情交给专业的人来做才是智慧的做法。

第三,科技为王。未来经济的竞争就是科技的竞争。现代经济的各个领域正在发生着颠覆性的变革,而颠覆各个领域的正是科技的力量。所以,未来无论是国与国之间的竞争,还是社会上每个个体之间的竞争,竞争力最重要的体现就在于科技能力上。这在个人的财富管理上主要体现为三个方面:1.在股权投资上,科技将是未来长期永恒的投资主线。2.在个人创业上,随着中国社会经济不断发展和完善,市场早已经进入过剩经济时代,市场的空缺已经几乎没有了,哪怕偶然出现一个空缺,也会立刻被大量的资本填满。几十年前,带着几十块钱,只要敢想敢干就能闯出一片天地的时代永远过去了。现在是资本过剩、资源过剩但机会稀缺、创新稀缺的时代。要想在个人创业上获得成功一定,要有真正过硬、排他、独有的能力,科技才是实现创新唯一持续不绝的源泉。3. 在孩子的教育和就业方向上，科技也是永恒的话题。几十年前刚刚改革开放的时候流行一句话：学好数理化，走遍天下都不怕。后来，这句话慢慢变成了"学好数理化，不如有个好爸爸"。这当然反映了一定的社会现实：阶层日趋固化，要想靠个人奋斗实现阶层的跨越越来越难了。但现在以及未来有一个实现阶层跨越越来越清晰的通道，就是通过科技创新实现个人价值的飞跃。哪怕科技创新不是每个人，甚至不是大部分人能够做到的，但随着社会对科学技术的倚重，科学技术在社会中扮演的角色越来越重要，所有从事科学技术的人都必将在社会中获得其应有的地位和回报。

第四，为自己活一回。要敢于消费、敢于花钱，充分享受自己的劳动成果。在我个人理财服务的实践中，我看到我们第一代赶上改革开放大好时代的那一批人迅速积累了大量的财富。但俗话说，学会挣钱半辈子就行，但学会花钱要三辈子。确实，第一代富裕起来的中国人小时候都是苦孩子，他们不会花钱，也不舍得花钱。在财富管理上不会考虑如何好好地享用自己的劳动果实，而只想着如何实现保全和传承，只想着把钱留给下一代，甚至于下下一代。我想说的是，儿孙自有儿孙福。你给了他们良好的生养和教育，就已经足够。他们想要有更好的生活，应该由他们自己去创造。你留给下一代过多的财富，实际上剥夺了他们通过自己的努力实现自身梦想的机会。所以，"敢花钱，会花钱"是我们在财富管理上要补上的重要一课，尤其对现在掌握了最大比例的中国民间财富的中老年人群来说更是如此。

双循环下的生态圈经济成新热点

玉名：畅销书作者、知名股票博主、投资达人

> 从全球经济角度，内外需互补是关键，生态圈经济已成为新热点。完善发展中国自己的生态圈，形成"你中我有，我中有你"的利益共同体，才是避免摩擦、实现可持续发展的关键。

2020年新冠疫情导致全球经济遭遇考验，在这种环境下，党中央明确提出"要逐步形成以国内大循环为主体、国内国际双循环相互促进的新发展格局"。其实，这一提法虽然是新的，但并不是新事物。早在20年前，我国内需就成为重要的经济构成；双循环并不是没有外需，从全球经济

角度，内外需互补是关键，生态圈经济已成为新热点。

国内国际双循环的两层含义

新冠疫情在全球肆虐，各国2020年的经济可谓十分惨淡。美国第二季度GDP环比折合年率初值下降32.9%（按中国计算方式的话，实际是跌9.9%），创20世纪40年代以来最大降幅；德国第二季度未季调GDP初值同比降11.7%。如此糟糕的经济数据，让国外宽松货币政策持续加码，多国央行开启了无限印钞行为，虽然都明白这是饮鸩止渴，但当下疫情的危机迫切度高，已经无法顾忌那么远，这必然给未来埋下了隐患。

这也是为何我国在7月30日政治局会议上，取消宽松货币政策这一项的原因——避免其副作用。在这样的环境下，党中央提出"要逐步形成以国内大循环为主体、国内国际双循环相互促进的新发展格局"，这背后有两层含义：

第一，这不是闭关锁国、闭门造车，而是内需对于外需的一种补充。早在1998年，中国外贸依存度(贸易总额／国内生产总值)为31.8%，2008年达到历史峰值。从那时开始，内需就成为中国的关注点，2019年中国外贸依存度又回到了31.8%。所以，内需始终是我国经济的重点。

第二，只有加强外需，才能让经济保持平稳。对外是一种必须，对内挖潜是必要。过去10年进出口对我国经济的贡献率有所降低，但仍有许多外向型产业（集中在电子、家电、机械设备、纺织服装等细分领域）对外有较高的依存度。而且全球产业链体系难以完全割裂，中国也不会主动选择脱钩；但加快核心技术攻关，保有供应能力，以应对可能出现的极端情况，却是十分必要。

国产替代题材大行其道

不少投资者已经发现，自从2018年贸易因素之外，"国产替代"成了股市方面重点炒作的题材。最先开始的是芯片，兆易创新、圣邦股份、沪电股份、生益科技等都有明显的业绩提升；随后各个方面都有体现，类似消费电子产品、食品等。而在2020年更加明显了，尤其是以中芯国际、寒武纪等一批公司登陆科创板。这也是一种发展的必须。以中芯国际为例，与台积电有三代左右的差距（中芯国际如今最好的芯片产品是14纳米,而台积电则是10纳米、7纳米、5纳米,甚至正在研发3纳米),但它已经是大陆最高水平的公司了,是"全村的希望",在困境之际,必须要通过上市来扩大规模和研发力度,才有可能拉近距离。

还有2020年,各类的疫苗股都是受到了资金大幅炒作的,康华生物、万泰生物、沃森生物、寿仙谷等一大批个股持续走强。包括各行业细分龙头的品种,卓胜微、贝达药业、密尔克卫、鸿远电子等走势明显强势,或许它们和世界顶级水平有差距,但这是一个非常好的趋势,值得社会去关注。

除了上面这些品种之外,扩大视野,我们也看到了2020年美股的苹果、沃尔玛、亚马逊、微软、谷歌、特斯拉等企业伴随着业绩逆势扩张而走强,而它们在我国的产业链公司也因此受益而走强,这其实才是国内国际双循环的意义。

生态圈经济成新热点模式

近几年,A股行业炒作时齐涨共跌现象越来越少了,哪怕是行业反弹,内部也是分化的,需要细分行业,才能把握联动的主题。生态圈这一题材因素是看点,如苹果概念、蚂蚁概念、腾讯概念、特斯拉概念。这些都是科技巨头的生态圈概念,有利好,有业绩,有成长预期,有行业新崛起者,这些都成为资金追逐的重点。

所以,如今市场发展,越来越多地和经济因素挂钩,形成小范围的生态圈,而不再受全行业的兴衰影响。有些时候,虽然行业本身低迷,但头部企业反而逆势扩张,这其中的因素值得我们思考。从全球股市角度来看,行业权重转向新经济大块头企业。

2020年8月之后,苹果、特斯拉等美股股价暴涨。苹果市值成功突破2万亿美金,成为资本市场历史上第一只超2万亿美元市值公司(占据A股总市值的20%),且随后也丝毫没有出现反弹的情况。由于2020年10月苹果推出新款手机iPhone 12,不少投行已经期待苹果市值在未来1年内超3万亿美元。苹果产业链相关公司近期在市场表现活跃,如歌尔股份、蓝思科技等。

科技巨头几乎要垄断美股市值10大宝座,也推动了美股持续创下新高,苹果、Facebook、谷歌、亚马逊等更是屡创历史新高,引领纳斯达克指数新高不断。而且,疫情因素并没有影响到美国这些头部公司的发展,甚至有些逆势增长的意味。股市角度,最猛的还是特斯拉,股价一年时间暴涨十几倍,市值超过4000亿美元,同时也拉动特斯拉产业链下的其他个股。也就是说,这些巨头已经大到可以自成一个产业链,而不是之前那种行业整体的思考了。比如说汽车行业,丰田、通用等企业的走势就已经和特斯拉不是一个级别。这就是市场的差异。

或许有股民会说,A股就是不这样,贵州茅台等传统行业还是大权重,其实我们要放大视野,并不是中国的科技股权重不够大,而是很多在港股和美股上市,比如说比贵州茅台市值大一倍的腾讯控股、阿里巴巴,甚至连京东、拼多多等都有冲击万亿元市值的动作,随着科创板、创业板注册制的设立,已有越来越多的科技公司回归A股,市场的结构发生改变。所以,如今经济其实是更多地由头部企业去拉动其生态圈而形成的,而非单纯某个行业的整体行为了。

国内国际双循环的思考

国内大循环、国际国内双循环,其实还有很多延伸含意。比如说国际内循环，一方面指国内企业在国外的循环，类似耀皮玻璃等有海外基地的企业，可以在国外形成"生产—销售"的循环；另一方面指国际企业在国内的循环，如苹果、特斯拉在中国都有自己的基地，也可以实现"生产—销售"等循环。很显然，国内国际双循环绝不是限制在某个区域内，恰恰是要更大范围的合作。

而且，国内国际双循环也不是我国的特例，而是已经形成了一种新的生态圈，是全球经济融合后的特殊因素。尤其是苹果、特斯拉等国际巨头在中国国内形成的生态圈循环，成为其业绩增长的关键，这些因素都是值得我们思考和借鉴的。将自己的生态圈发展完善，避免局限性，只有向外扩张，与国际结合紧密，形成"你中我有，我中有你"的利益共同体，才是避免摩擦、实现可持续发展的关键。

图书在版编目（CIP）数据

重塑经济优势 / 贾康等著. —— 北京：中国友谊出版公司，2021.8
ISBN 978-7-5057-5126-2

Ⅰ.①重⋯ Ⅱ.①贾⋯ Ⅲ.①中国经济－循环经济－经济发展－研究 Ⅳ.①F124.5

中国版本图书馆CIP数据核字(2021)第120651号

书名	重塑经济优势
作者	贾康　李稻葵　王德培等
出版	中国友谊出版公司
策划	杭州蓝狮子文化创意股份有限公司
发行	杭州飞阅图书有限公司
经销	新华书店
制版	杭州真凯文化艺术有限公司
印刷	杭州钱江彩色印务有限公司
规格	880×1230 毫米　32 开 7.25 印张　插页 8　113 千字
版次	2021 年 8 月第 1 版
印次	2021 年 8 月第 1 次印刷
书号	ISBN 978-7-5057-5126-2
定价	62.00 元
地址	北京市朝阳区西坝河南里 17 号楼
邮编	100028
电话	(010) 64678009